mù lù
目录 Contents

mù lù
目录
Contents

奇妙中文Vol.1字卡

character cards

SECTION A

niàn yí niàn　　lián yì lián
念一念, 连一连　Read and link Up

1. Link the dots together, starting from the first initial sound.

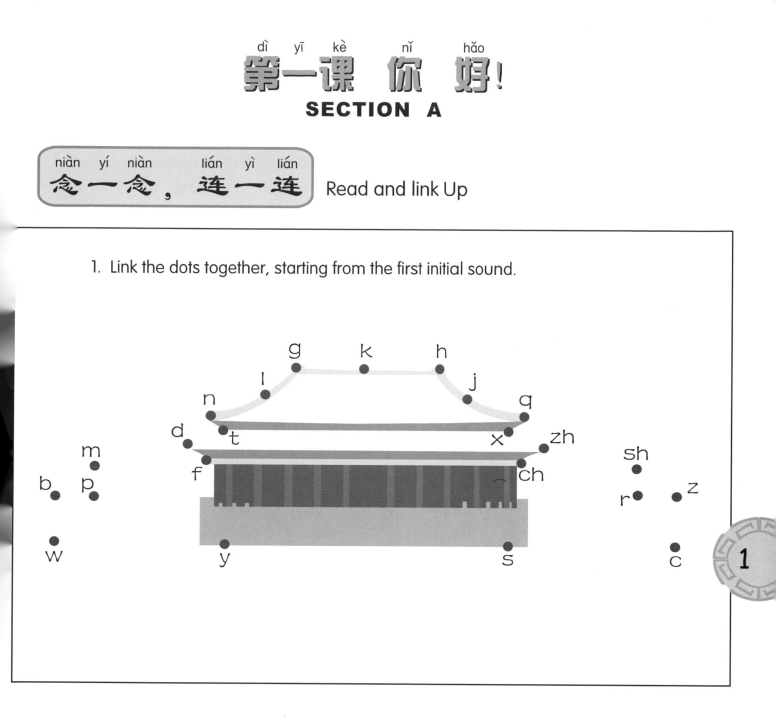

2. Link the Pinyin to its matching character.

xiè lǎo hěn jiàn men shī zài nǐ hǎo

好 再 见 老 谢 师 你 很 们

dú yì dú tián yì tián
读一读， 填一填 Read and fill in the blanks

Match the sentence with the picture.

wǒ hěn hǎo

zài jiàn

tóng xué men hǎo

lǎo shī hǎo

xiè xiè

nǐ hǎo ma

tīng yī tīng xiě yì xiě
听一听，写一写　Listen and Write

一、Listen carefully and then circle the pinyin you hear.

nǐ hǎo　　bù hǎo　　lǎo shī

hěn hǎo　　xiè xiè　　zài jiàn

二、Listen carefully and use the correct word to complete the sentences.

- 老师___！同学们___！

- ___ ___ 吗？我很 ___ ，谢谢！

- 再___！再___！

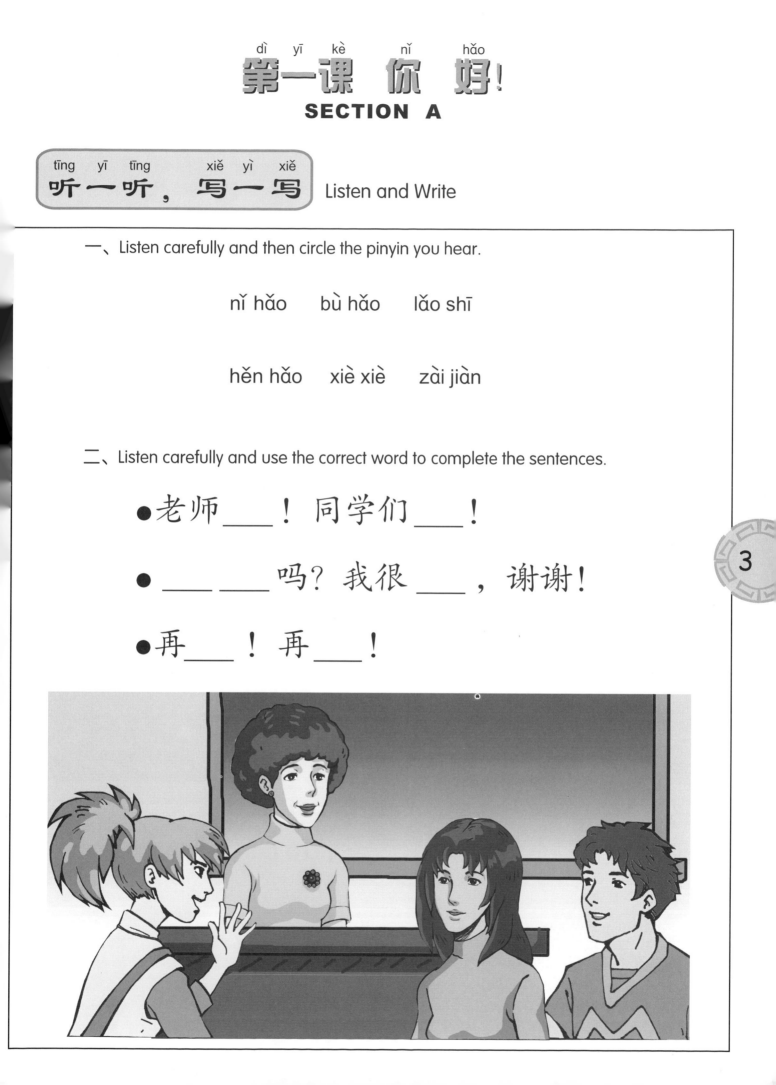

dú yì dú shì yí shì

读一读， 试一试 Read and Try

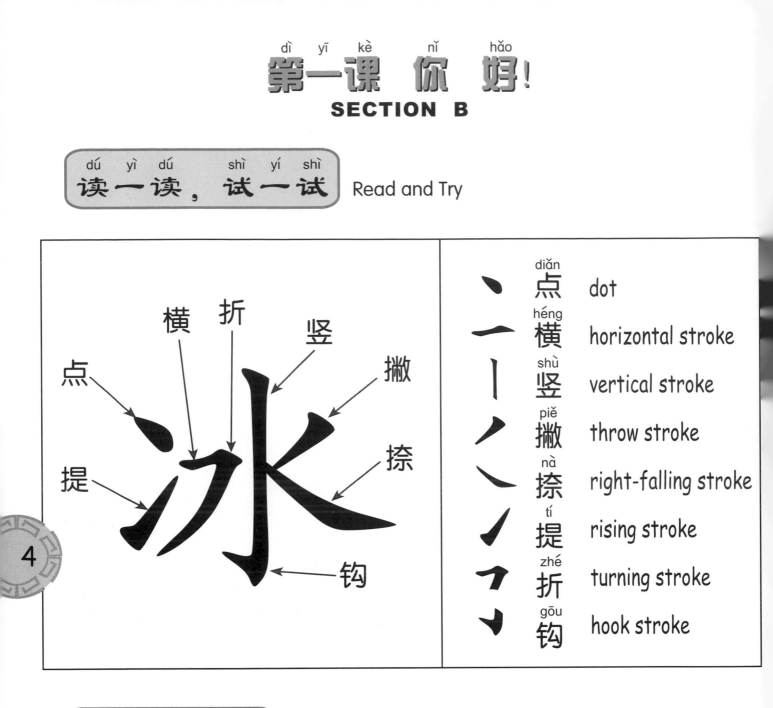

diǎn 点	dot
héng 横	horizontal stroke
shù 竖	vertical stroke
piě 撇	throw stroke
nà 捺	right-falling stroke
tí 提	rising stroke
zhé 折	turning stroke
gōu 钩	hook stroke

xiě yì xiě bù shǒu

写一写部首 How to write stroke by stroke

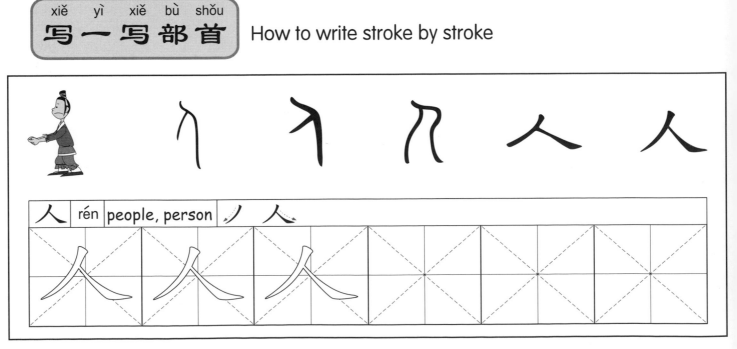

| 人 | rén | people, person | ㇒ 人 |

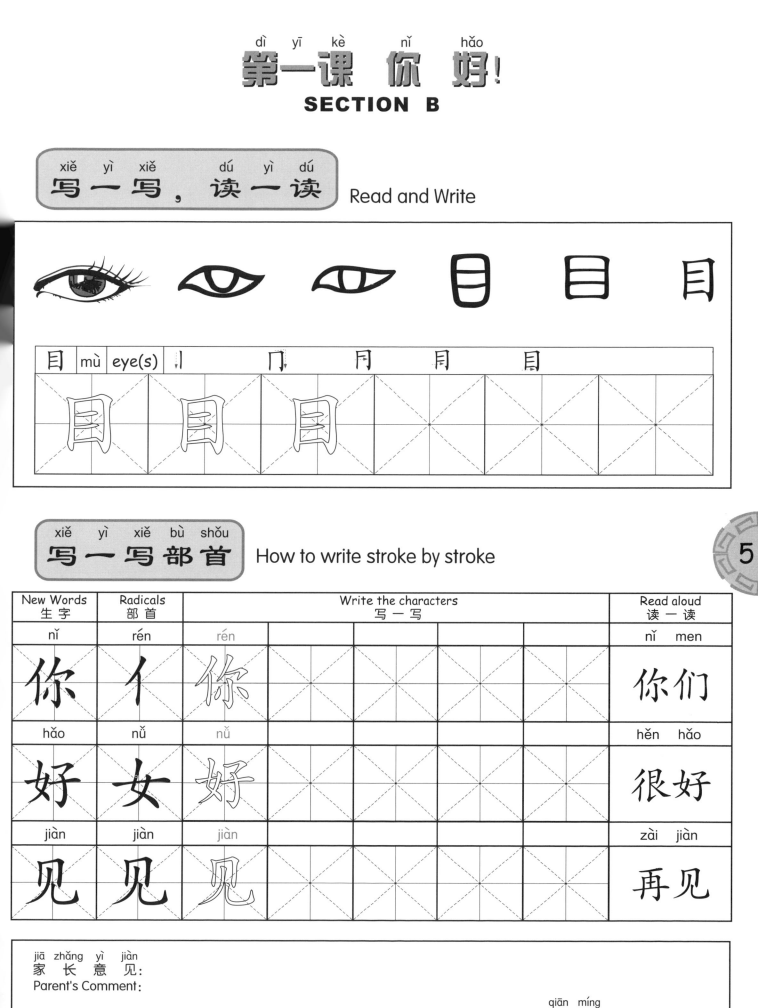

xiě yì xiě， dú yì dú
写一写，读一读 Read and Write

| 目 | mù | eye(s) | 丨 | 冂 | 冃 | 目 | 目 |

xiě yì xiě bù shǒu
写一写部首 How to write stroke by stroke

New Words 生字	Radicals 部首	Write the characters 写一写					Read aloud 读一读
nǐ	rén	rén					nǐ men
你	亻	你					你们
hǎo	nǚ	nǚ					hěn hǎo
好	女	好					很好
jiàn	jiàn	jiàn					zài jiàn
见	见	见					再见

jiā zhǎng yì jiàn
家 长 意 见:
Parent's Comment:

qiān míng
签 名:
Signature: _____

niàn yí niàn　　lián yì lián

念一念，连一连　Read and link Up

Link the Pinyin to the matching character.

tā　zì　nǐ　míng　zài　xiè　hǎo　tā　jiào

名 他 谢 字 你 好 再 她 叫

lián yì lián　　tián yì tián

连一连，填一填　Make a Sentence

Choose the right character to fill in the blank and then link the words together to make a sentence.

我 他 她

我

叫

王小文

李大中

白玛丽

SECTION A

niàn yí niàn lián yì lián

念一念，连一连 Read and link Up

Fill in the blanks.

(you may use pinyin)

- 中文老师是 ☐ 老师。

- 我叫 ☐ ☐ ☐ 。

- 我的同学叫 ☐ ☐ ☐ 。

tīng yī tīng xiě yì xiě

听一听，写一写 Listen and Write

Listen carefully and use the correct word to complete the sentences.

- ___ 叫什么 ___ ___ ?
- ___ 叫王小文。
- ___ 叫什么 ___ ___ ?
- ___ 叫白大卫。

xiě yì xiě bù shǒu
写一写部首

How to write stroke by stroke

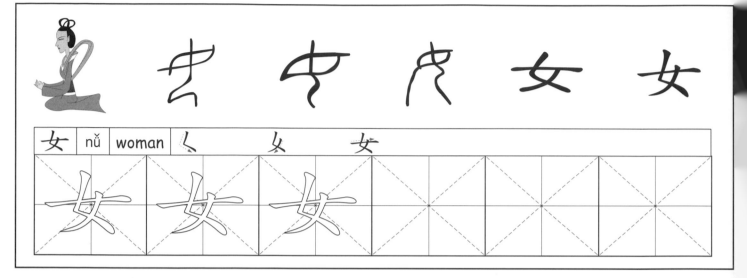

女	nǚ	woman	乁	乄	女			

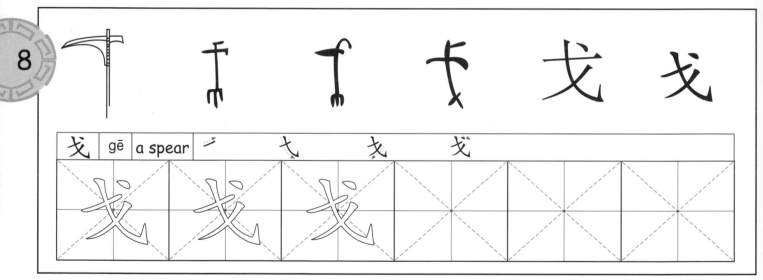

8

戈	gē	a spear	一	弋	戈	戈		

xiě yì xiě   dú yì dú
写一写，读一读 Read and Write

New Words 生字	Radicals 部首	Write the characters 写一写					Read aloud 读一读
wǒ	gē	wǒ					wǒ men
我	戈	我					我们
tā	rén	tā					tā men
他	人	他					他们
tā	nǚ	tā					tā men
她	女	她					她们
míng	kǒu	míng					míng zi
名	口	名					名字
zì	mián	zì					zhōng guó zi
字	宀	字					中国字

9

jiā zhǎng yì jiàn
家长意见:
Parent's Comment:

qiān míng
签名:
Signature: _____

dì sān kè   nǐ duō dà

第三课 你多大?

SECTION A

tián yì tián

填 一 填 Fill in the blanks

Write the numbers in Chinese characters.

39	三	十	九
98			
46			
52			
17			

10

shǔ yì shǔ

数 一 数 Count the Strokes

Write down the stroke number of each character.

三	三 huà 划 (strokes)
九	☐
六	☐
七	☐
见	☐

SECTION A

xiě yì xiě　　dú yì dú
写一写，读一读 Read and Write

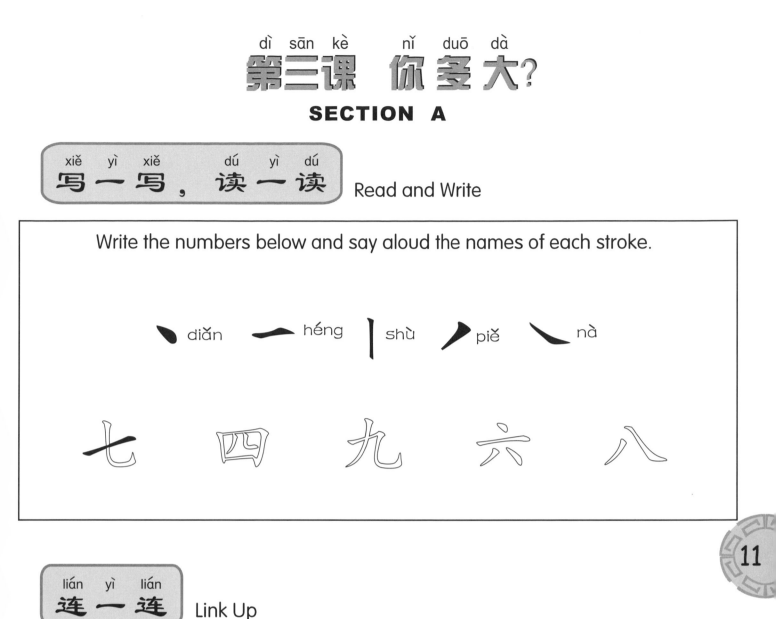

Write the numbers below and say aloud the names of each stroke.

丶 diǎn　一 héng　丨 shù　丿 piě　乀 nà

七　四　九　六　八

lián yì lián
连一连 Link Up

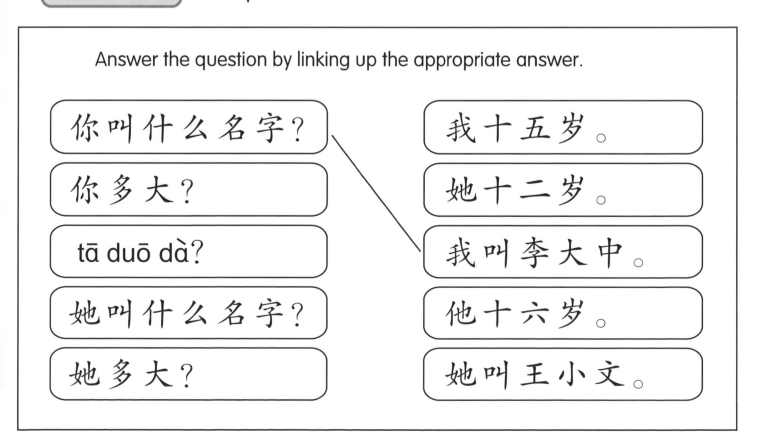

Answer the question by linking up the appropriate answer.

你叫什么名字?　　　　我十五岁。

你多大?　　　　　　　她十二岁。

tā duō dà?　　　　　　我叫李大中。

她叫什么名字?　　　　他十六岁。

她多大?　　　　　　　她叫王小文。

SECTION A

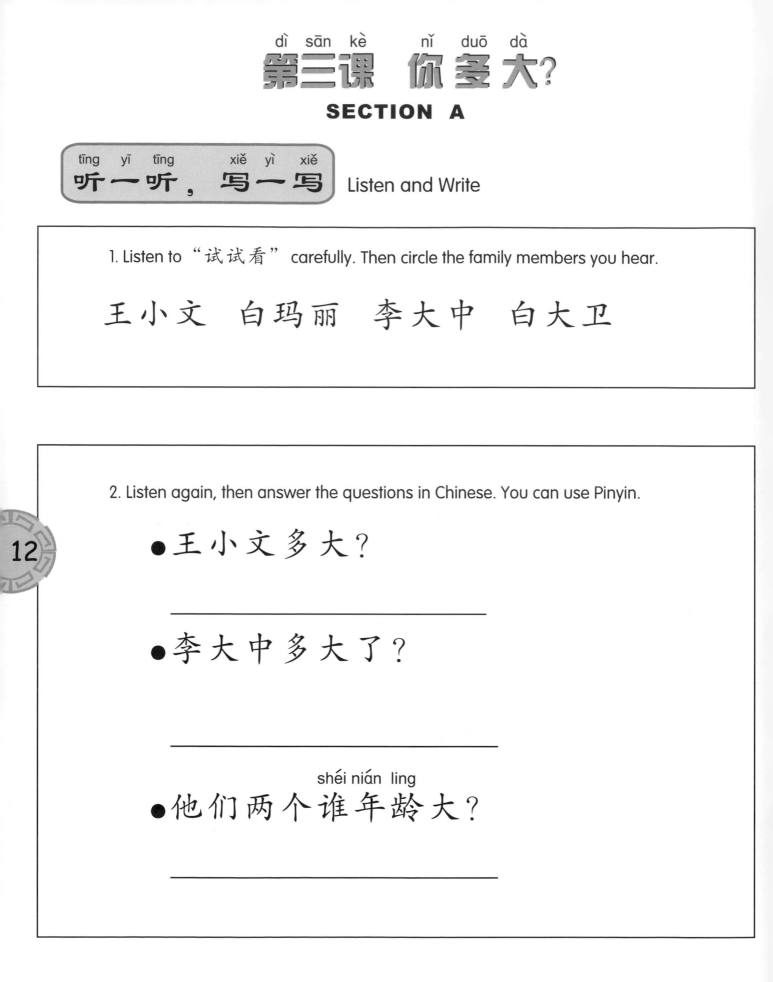

tīng yī tīng， xiě yì xiě
听一听，写一写 Listen and Write

1. Listen to "试试看" carefully. Then circle the family members you hear.

王小文 白玛丽 李大中 白大卫

2. Listen again, then answer the questions in Chinese. You can use Pinyin.

● 王小文多大？

_____

● 李大中多大了？

_____

shéi nián líng
● 他们两个谁年龄大？

_____

12

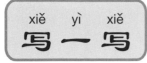

xiě yì xiě
写一写　Write the Characters

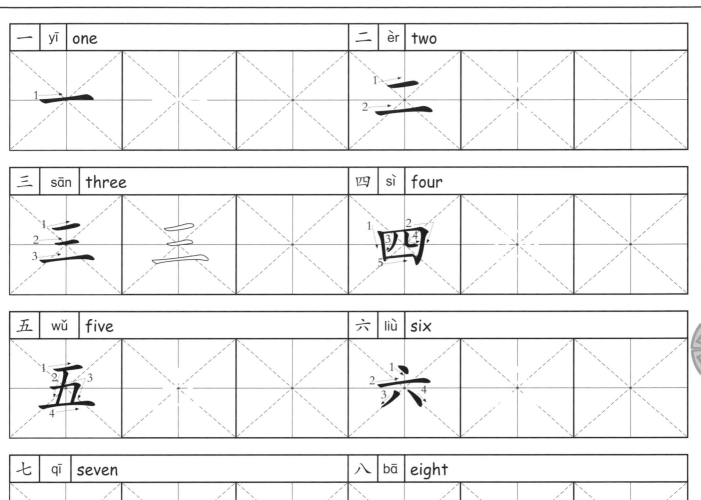

一	yī	one
二	èr	two
三	sān	three
四	sì	four
五	wǔ	five
六	liù	six
七	qī	seven
八	bā	eight
九	jiǔ	nine
十	shí	ten

13

jiā zhǎng yì jiàn
家 长 意 见:
Parent's Comment:

qiān míng
签 名:
Signature: _____

SECTION A

dú yì dú   xiě yì xiě
读一读，写一写   Read and fill in the blanks

Read the pinyin and write down the character.

yī	èr	sān		jiā	ná	dà
一	☐	☐		加	拿	☐

míng	zi		zhōng	guó	rén
☐	☐		☐	国	☐

nǐ yǒu wǒ yě yǒu,   tián yì tián
你有我也有，填一填   Belonging Together

Find the characters with the same radical and write them in the appropriate groups.

好　他　妈　你　她　个

人　你 _____

女 _____

tián yì tián
填一填   Fill in the blanks

Match the country's name with the right national flag.

美国　中国　日本　加拿大　英国

(zhōng guó)　(　　　)　(　　　)　(　　　)　(　　　)

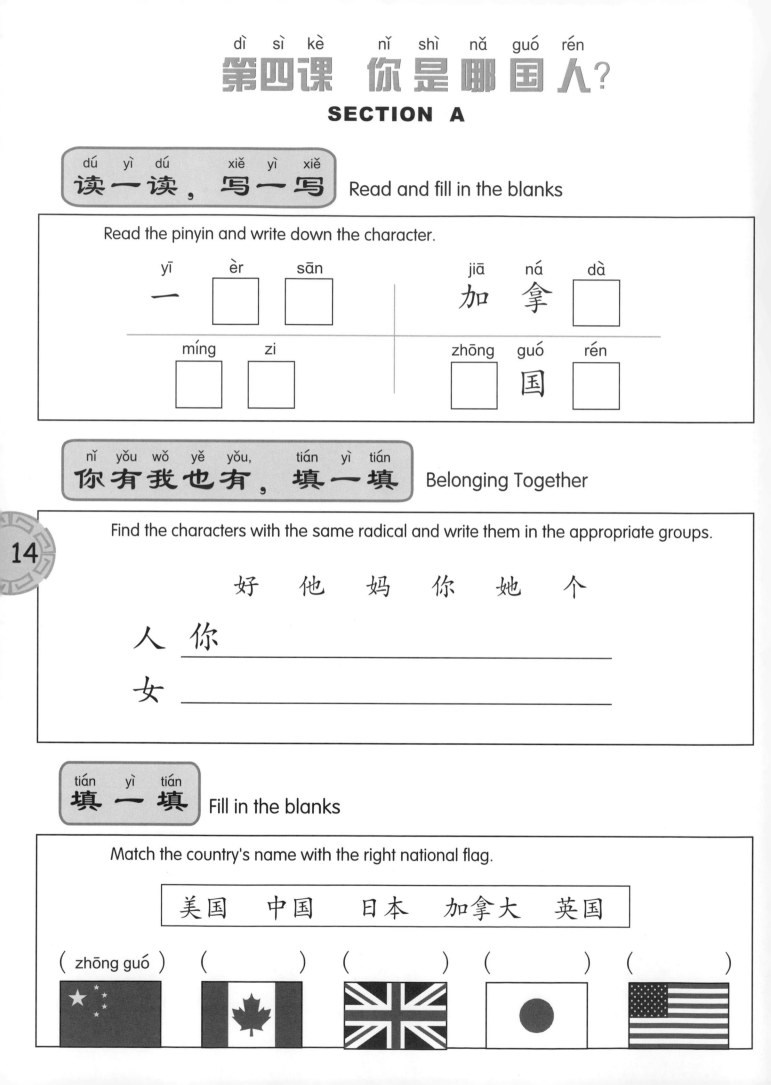

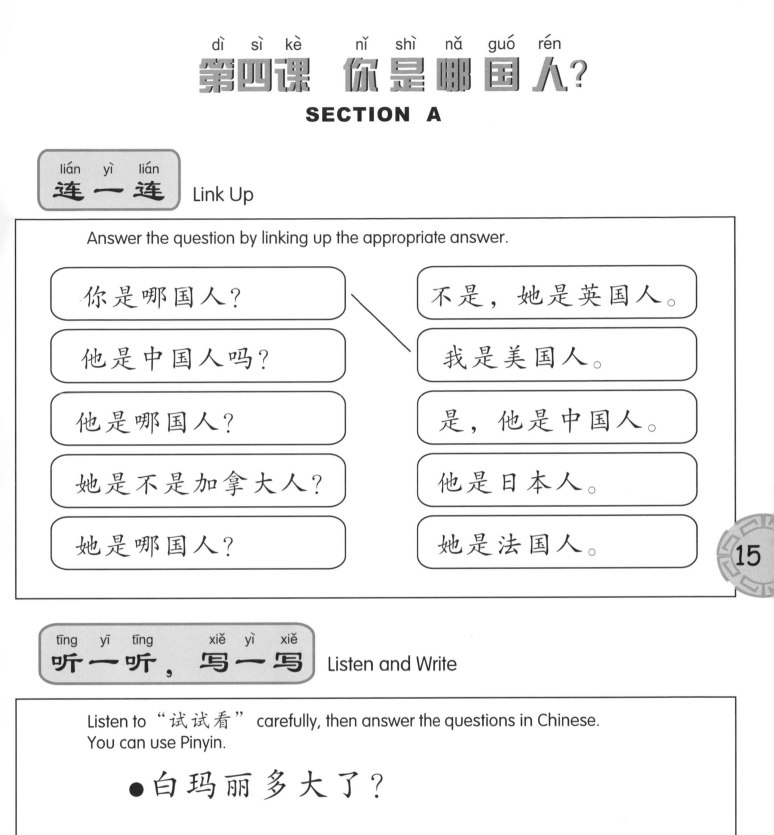

lián yì lián
连 一 连 Link Up

Answer the question by linking up the appropriate answer.

你是哪国人?

他是中国人吗?

他是哪国人?

她是不是加拿大人?

她是哪国人?

不是，她是英国人。

我是美国人。

是，他是中国人。

他是日本人。

她是法国人。

15

tīng yì tīng xiě yì xiě
听 一 听 , 写 一 写 Listen and Write

Listen to "试试看" carefully, then answer the questions in Chinese.
You can use Pinyin.

● 白玛丽多大了?

_____

● 白玛丽是哪国人?

_____

● 白玛丽的中文老师是谁?

_____

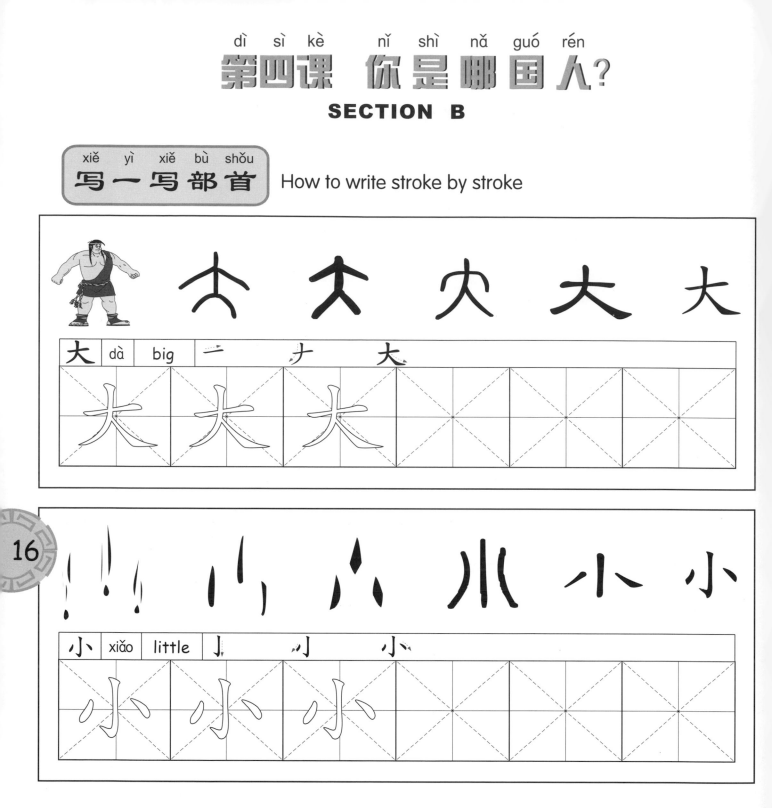

xiě yì xiě bù shǒu
写一写部首

How to write stroke by stroke

大	dà	big	一	ナ	大

小	xiǎo	little	亅	小	小

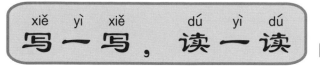

xiě yì xiě	dú yì dú
写一写，	读一读

Read and Write

New Words 生字	Radicals 部首	Write the characters 写一写					Read aloud 读一读
shì	rì	shì					shì bú shì
是	日	是					是不是

SECTION B

xiě yì xiě　　dú yì dú
写一写，读一读　Read and Write

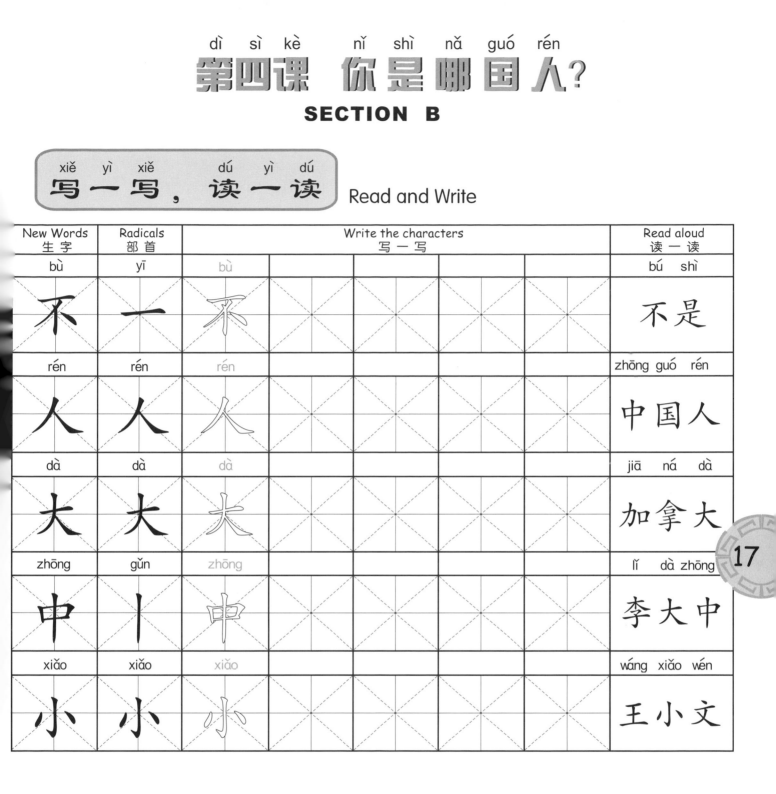

New Words 生字	Radicals 部首	Write the characters 写一写					Read aloud 读一读
bù 不	yī 一	bù 不					bú shì 不是
rén 人	rén 人	rén 人					zhōng guó rén 中国人
dà 大	dà 大	dà 大					jiā ná dà 加拿大
zhōng 中	gǔn 丨	zhōng 中					lǐ dà zhōng 李大中
xiǎo 小	xiǎo 小	xiǎo 小					wáng xiǎo wén 王小文

17

jiā zhǎng yì jiàn
家 长 意 见：
Parent's Comment：

qiān míng
签 名：
Signature：＿＿＿＿＿＿＿

SECTION A

dú yì dú   xiě yì xiě
读一读，写一写   Read and fill in the blanks

Read the pinyin and write the characters.

shàng	xué		nǐ	hǎo	ma
上	学		☐	☐	☐

zhōng	wén	huá	rén		zài	jiàn
☐	☐	☐	☐		☐	☐

nǐ yǒu wǒ yě yǒu,   tián yì tián
你有我也有，填一填   Belonging Together

18

Find the same radical on each tree and write it in the blank space given.

☐ 口		☐		☐
叫 吗		你 他		她 好

tián yì tián
填一填   Fill in the blanks

1. Choose the right characters for the sentences.

上　也　七　大

1. 我 ＿＿大华中学，他 ＿＿上 ＿＿华中学。
2. 我 ＿＿七年级，他 ＿＿上 ＿＿年级。
3. 你 ＿＿几年级？

填一填 (tián yì tián) Fill in the blanks

2. Read the English sentences then choose the character to make sentences in Chinese.

名 不 个 是 字 他 六 好 人

1. Name. __名__ __字__ 。

2. Six people. ____ ____ ____ 。

3. It's not him. ____ ____ ____ 。

4. Six names. ____ ____ ____ ____ 。

5. Six, OK or not OK? ____ ____ ， ____ ____ ____ ____ ？

6. He is a good man. ____ ____ ____ 一 ____ ____ ____ 。

听一听，写一写 (tīng yī tīng, xiě yì xiě) Listen and Write

Listen to "试试看" carefully, then answer the questions in Chinese. You can use Pinyin.

● 白大卫多大了？

_____

● 白大卫是哪国人？

_____

● 王小文和白大卫是一个国家的人吗？

_____

xiě yì xiě bù shǒu
写一写部首 How to write stroke by stroke

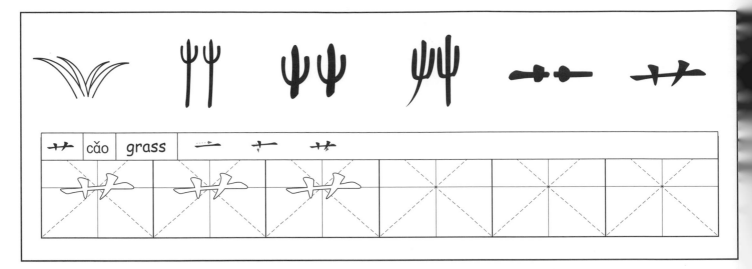

⺾	cǎo	grass	一	十	艹			
			⺾	⺾	⺾			

20

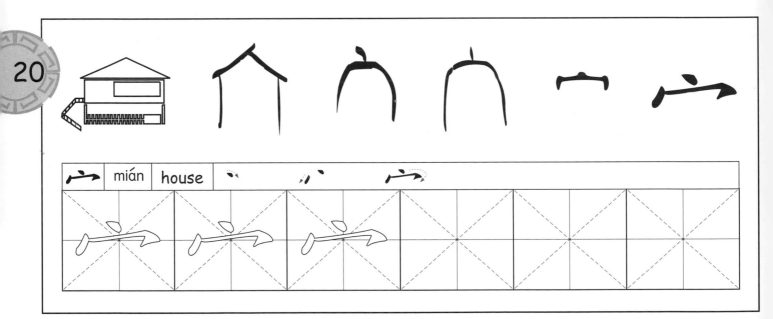

宀	mián	house	丶	八	宀			
			宀	宀	宀			

xiě yì xiě   dú yì dú
写一写，读一读 Read and Write

New Words 生字	Radicals 部首	Write the characters 写一写						Read aloud 读一读
shàng	yī	shàng						shàng xué
上	一	上						上学

SECTION B

xiě yì xiě   dú yì dú
写一写，读一读   Read and Write

New Words 生字	Radicals 部首	Write the characters 写一写					Read aloud 读一读
gè	rén	gè					nǎ gè
个	人	个					哪个
yě	yǐ	yě					yě shì
也	乙	也					也是
huá	shí	huá					huá rén
华	十	华					华人

21

jiā zhǎng yì jiàn
家 长 意 见:
Parent's Comment:

qiān míng
签 名:
Signature: _____

dú yì dú   xiě yì xiě
读一读，写一写 Read and fill in the blanks

Write the Chinese character according to the pinyin.

wǒ de bà ba	我的爸爸

dà huá gāo zhōng	☐ ☐ 高 ☐

jiǔ ge rén	☐ ☐ ☐

shéi de jiā	☐ ☐ ☐

xiè xiè nǐ	谢谢 ☐

lián yì lián   xiě yì xiě
连一连，写一写 Part + Part = Whole

Link the parts together to make a character.

可	•	•	马	
女	•	•	巴	
禾	•	•	可	哥
父	•	•	口	

22

dì liù kè   wǒ ài wǒ de jiā

第六课 我 爱 我 的 家

SECTION A

tián yì tián
填 一 填 | Fill in the blanks

---

1. Please link the characters with the Pinyin.

   mā   shéi   bà   jiā   yǒu

   谁   有   爸   妈   家

---

2. Please translate into Chinese.

   Yes/good ___好___   mother _____

   who _____   have _____

   father _____   home _____

---

3. Write the character that best suits the picture.

   上 can also means up.

   中 can also means middle.

   下 can also means down.

23

tián yì tián
填一填 Fill in the blanks

Fill in the blanks with the appropriate character given.

| 我 是 的 |

● 你 ☐ 谁? ☐ 是李大中。

● 这 ☐ 谁? 这 ☐ 我 ☐ 爸爸。

● 我爱我 ☐ 家。

pái yì pái   xiě yì xiě
排一排,写一写 Unscramble and Write

Unscramble the sentences and write them in the blanks.

● 你 谁 是

| 你 | 是 | 谁 | ?

● 他 是 老师 也 我 的

| | | | | | | 。

● 人 大 不 是 我

| | | | | 。

pái yì pái xiě yì xiě
排一排，写一写 Unscramble and Write

Unscramble the sentences and write them in the blanks.

● 你 上 不 是 大 华 是 gāo 中

?

● 爸 爸 的 和 这 是 妈 妈 名 字

。

tīng yī tīng xiě yì xiě
听一听，写一写 Listen and Write

1. Listen to "试试看" carefully. Then circle the family members you hear.

爷爷　奶奶　爸爸　妈妈

哥哥　姐姐　弟弟　妹妹　我

2. Listen again, then answer the questions in Chinese.

● 家里有几个人？

_____

● 家里有几个哥哥？

_____

How to write stroke by stroke

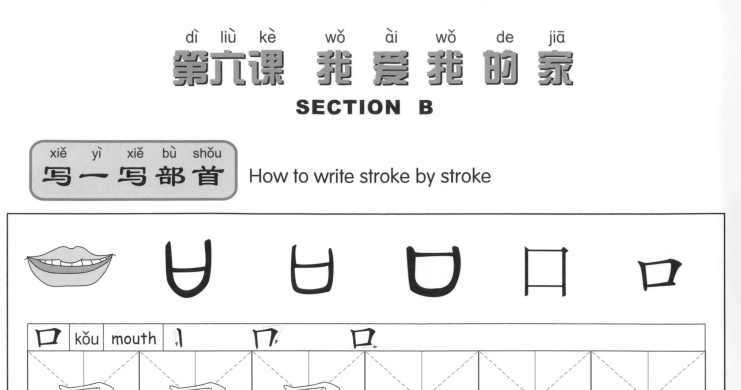

| 口 | kǒu | mouth | 丨 | 冂 | 口 |

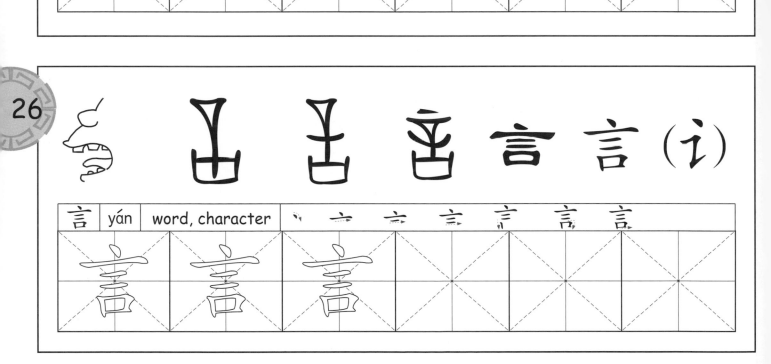

| 言 | yán | word, character | 丶 | 亠 | 亠 | 言 | 言 | 言 | 言 |

26

xiě yì xiě dú yì dú

写一写，读一读 Read and Write

New Words 生字	Radicals 部首	Write the characters 写一写					Read aloud 读一读
shéi	yán	shéi					tā shì shéi
谁	言	谁					她是谁

xiě yì xiě　　dú yì dú
写一写，读一读　Read and Write

New Words 生字	Radicals 部首	Write the characters 写一写				Read aloud 读一读
de	bái	de				wǒ de
的	白	的				我的
yǒu	yuè	yǒu				yǒu jǐ ge
有	月	有				有几个
bà	fù	bà				bà ba
爸	父	爸				爸爸
mā	nǚ	mā				mā ma
妈	女	妈				妈妈
hé	kǒu	hé				wǒ hé tā
和	口	和				我和他
jiā	mián	jiā				wǒ de jiā
家	宀	家				我的家

27

jiā zhǎng yì jiàn
家长意见:
Parent's Comment:

qiān míng
签名:
Signature: _____

SECTION A

dú yì dú   tián yì tián
读一读， 填一填 Read and fill in the blanks

Read the characters out loud, and group them according to the same tones.
Write them in the blanks.

我 他 住 大 中 谁 里 师 华 小 是 人

ー: 中 ___ ___   ∨: 小 ___ ___

ノ: 人 ___ ___   ＼: 大 ___ ___

28

pái yì pái   xiě yì xiě
排一排， 写一写 Unscramble and Write

Unscramble the sentences and write them in the blanks.

● 你哪里在住   你 住 在 哪 里 ?

● 王老师谁的老师是   ▢▢▢▢▢▢▢▢▢?

● 爸爸我的和这是妈妈   ▢▢▢▢▢▢▢▢▢。

● 老师不是你王大中是的   ▢▢▢▢▢▢▢▢▢▢?

● 人在家一个我   ▢▢▢▢▢。

lián yì lián　　xiě yì xiě
连一连，写一写　Part + Part = Whole

Link the words with the right sentence and write them in the blanks.

哪儿	● 她是我的 □ □ 。
小 xué	● 你住在 □ □ ?
jǐ 个	● 我和爸爸、妈妈 □ □ 小学路。
老师	● 你上哪个 □ □ ?
住在	● 他家有 □ □ 人?

29

nǐ yǒu wǒ yě yǒu,　　niàn yí niàn　　lián yì lián
你有我也有，念一念，连一连　Belonging Together

Link the characters with the same radical.

校　住　个　叫　楼

言　人　口　木

他　谢　呢　哪　谁

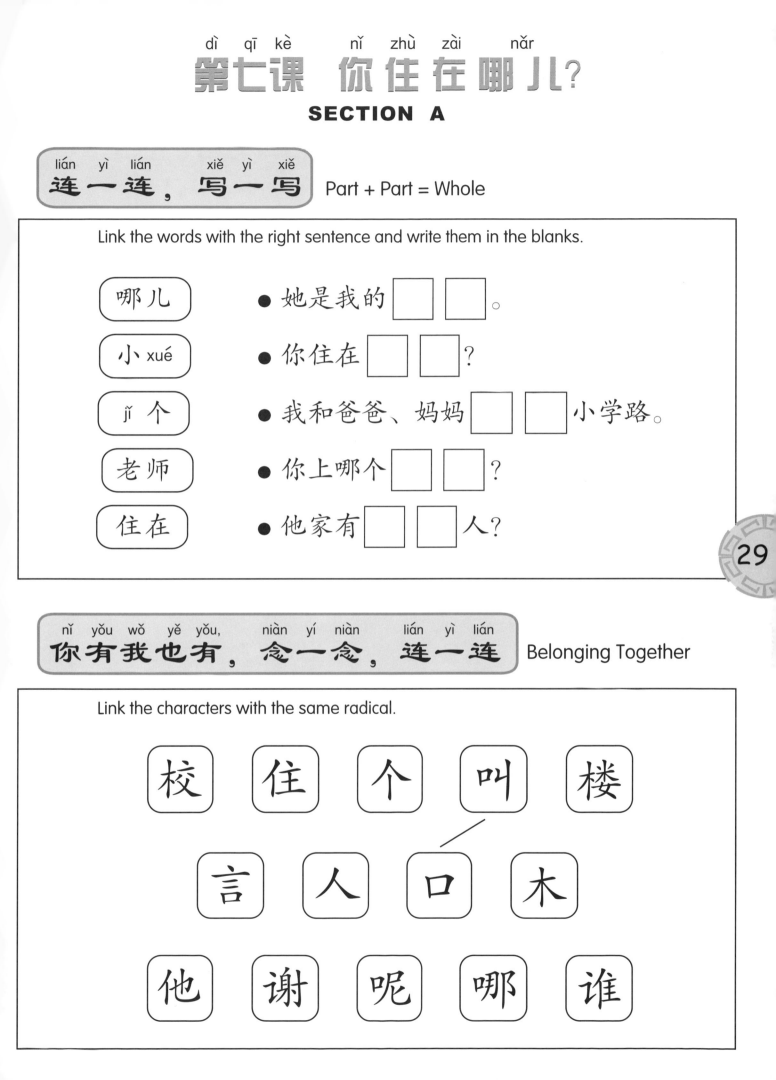

dì qī kè   nǐ zhù zài nǎr
第七课 你住在哪儿？
SECTION A

tián yì tián
填一填 Fill in the blanks

Choose the right characters to write in the blanks.

哪 我 十 不 里 个 家 好 在

Where 哪 里   No good ＿＿ ＿＿

ten (pieces) ＿＿ ＿＿   Not in ＿＿ ＿＿

My home ＿＿ ＿＿   Which one ＿＿ ＿＿

30

tīng yì tīng   xiě yì xiě
听一听，写一写 Listen and Write

Listen to "试试看" carefully, then answer the questions in Chinese. You can use Pinyin.

● 爸爸是哪国人？

＿＿＿＿＿＿＿＿＿＿

● 姐姐多大了？

＿＿＿＿＿＿＿＿＿＿

● 哥哥在哪个学校上学？

＿＿＿＿＿＿＿＿＿＿

SECTION B

How to write stroke by stroke

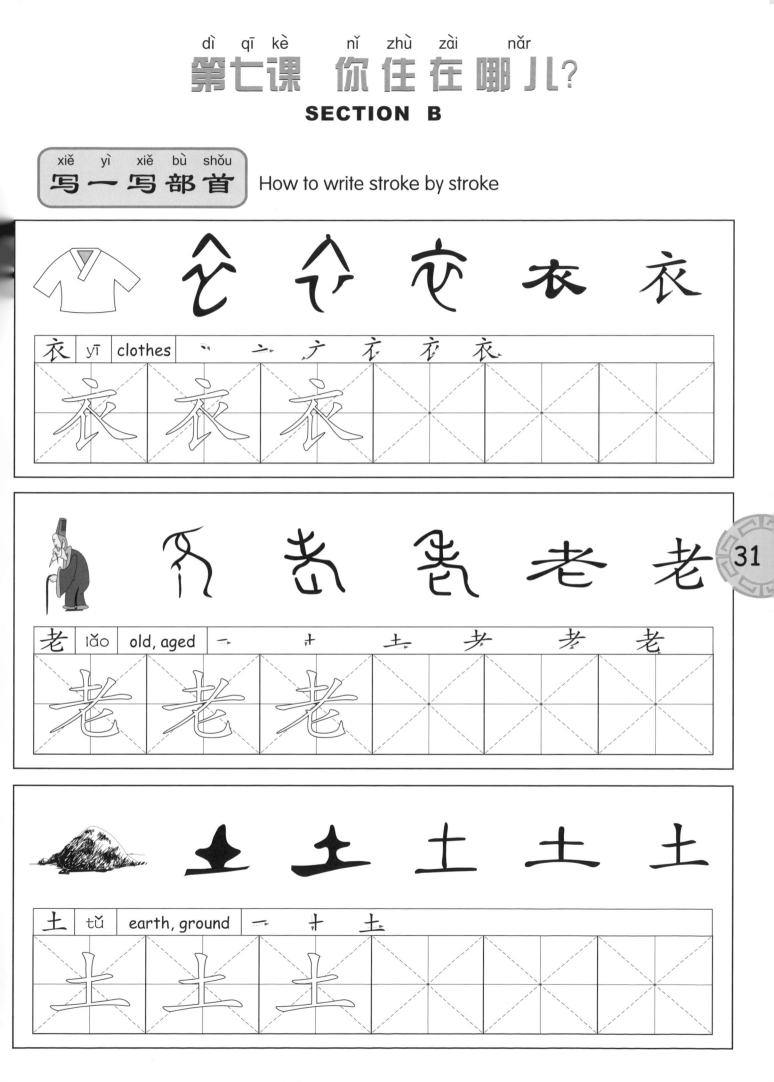

| 衣 | yī | clothes | ⟍ | 一 | 亠 | 亐 | 衣 | 衣 |

| 老 | lǎo | old, aged | 一 | 十 | 土 | 耂 | 耂 | 老 |

| 土 | tǔ | earth, ground | 一 | 十 | 土 | | | |

31

SECTION B

写一写，读一读
xiě yì xiě   dú yì dú
Read and Write

New Words 生字	Radicals 部首	Write the characters 写一写					Read aloud 读一读
zài 在	tǔ 土	zài 在					bú zài 不在
nǎ 哪	kǒu 口	nǎ 哪					nǎ lǐ 哪里
lǐ 里	lǐ 里	lǐ 里					zhè lǐ 这里
zhù 住	rén 人	zhù 住					zhù zài 住在
lǎo 老	lǎo 老	lǎo 老					lǎo rén 老人
shī 师	jīn 巾	shī 师					wáng lǎo shī 王老师

32

jiā zhǎng yì jiàn
家长意见:
Parent's Comment:

qiān míng
签名:
Signature: _____

你 好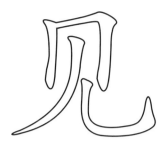

再 同 学

 老 师

吗 我 很

谢

名 字 叫

什 么 王

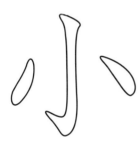  

小 文 李

大 中 白

卫 玛 丽

www.betterchinese.com

www.betterchinese.com

www.betterchinese.com

www.betterchinese.com

www.betterchinese.com

www.betterchinese.com

www.betterchinese.com

www.betterchinese.com

www.betterchinese.com

www.betterchinese.com

www.betterchinese.com

www.betterchinese.com

www.betterchinese.com

www.betterchinese.com

www.betterchinese.com

一	二	三
四	五	六
七	八	九
十	几	岁
呢	是	不

人 国 澳
洲 英 美
加 拿 法
日 本 哪
上 个 也

www.betterchinese.com

www.betterchinese.com

www.betterchinese.com

www.betterchinese.com

www.betterchinese.com

www.betterchinese.com

www.betterchinese.com

www.betterchinese.com

www.betterchinese.com

www.betterchinese.com

www.betterchinese.com

www.betterchinese.com

www.betterchinese.com

www.betterchinese.com

www.betterchinese.com

华 校 年

级 谁 的

有 爸 妈

和 家 哥

弟 姐 妹

www.betterchinese.com

www.betterchinese.com

www.betterchinese.com

www.betterchinese.com

www.betterchinese.com

www.betterchinese.com

www.betterchinese.com

www.betterchinese.com

www.betterchinese.com

www.betterchinese.com

www.betterchinese.com

www.betterchinese.com

www.betterchinese.com

www.betterchinese.com

两 爱 这

在 里 住

街 号 长

路 楼 公

园 月 生

今 天 祝

快 乐 明

昨 星 期

零 那 书

包 本 子

铅 笔 橡

皮 教 室

桌 椅 板

吃 水 果

很 多 喜

www.betterchinese.com

www.betterchinese.com

www.betterchinese.com

www.betterchinese.com

www.betterchinese.com

www.betterchinese.com

www.betterchinese.com

www.betterchinese.com

www.betterchinese.com

www.betterchinese.com

www.betterchinese.com

www.betterchinese.com

www.betterchinese.com

欢　西　瓜

葡　萄　橘

苹　梨　香

蕉　草　莓

想　饿　喝

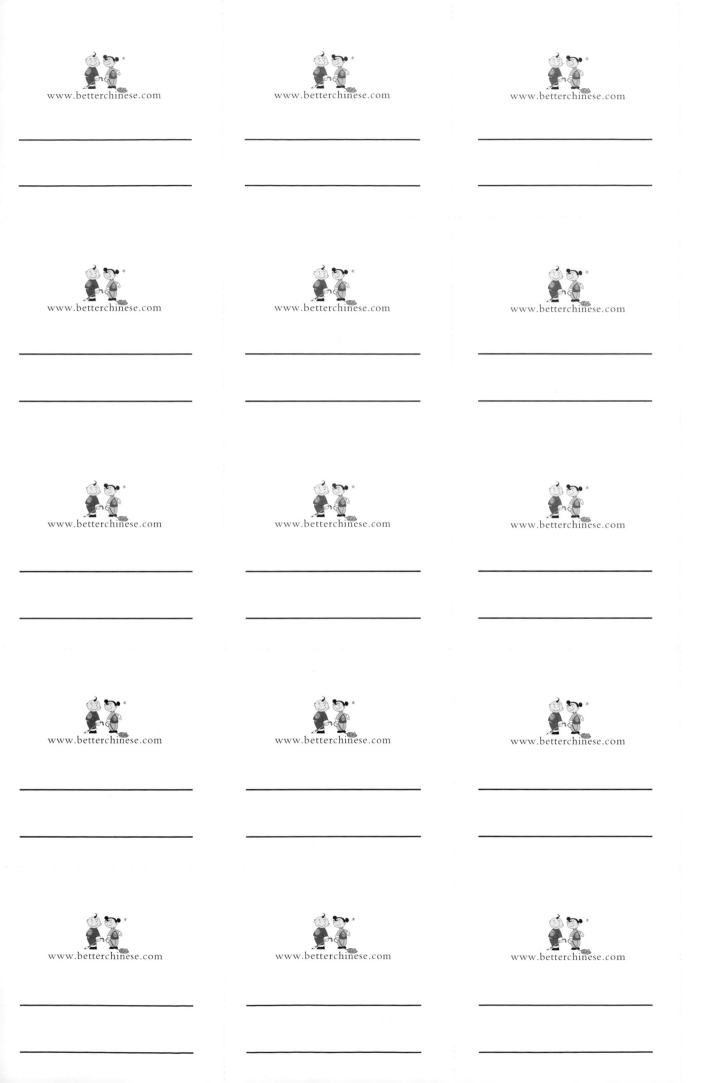

渴　了　汉

堡　薯　条

可　治　汁

冰　淇　淋

饭　饺

SECTION A

dú yì dú ， tián yì tián
读一读，填一填 Read and fill in the blanks

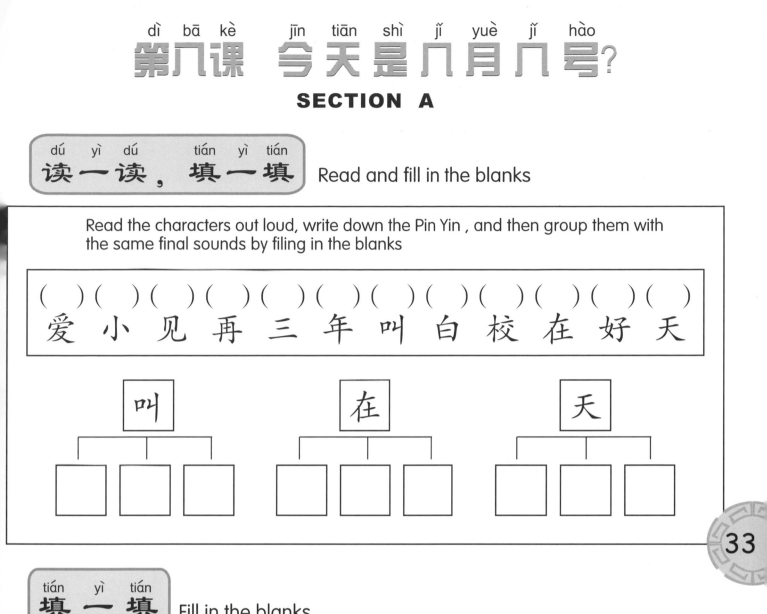

Read the characters out loud, write down the Pin Yin , and then group them with the same final sounds by filing in the blanks

( ) ( ) ( ) ( ) ( ) ( ) ( ) ( ) ( ) ( ) ( ) ( )
爱 小 见 再 三 年 叫 白 校 在 好 天

叫

在

天

33

tián yì tián
填一填 Fill in the blanks

Choose the right characters for the sentences below and write them in the blanks.

你 年 日 今 生 月

1. 今天是四☐十五☐。

2. 祝☐生日快乐。

3. 我是一九九七☐生。

4. ☐天是我的生日。

5. 他的☐日也是一月一日。

xiě yì xiě
写一写 Write the Characters

Write the dates in Chinese characters according to the calendar.

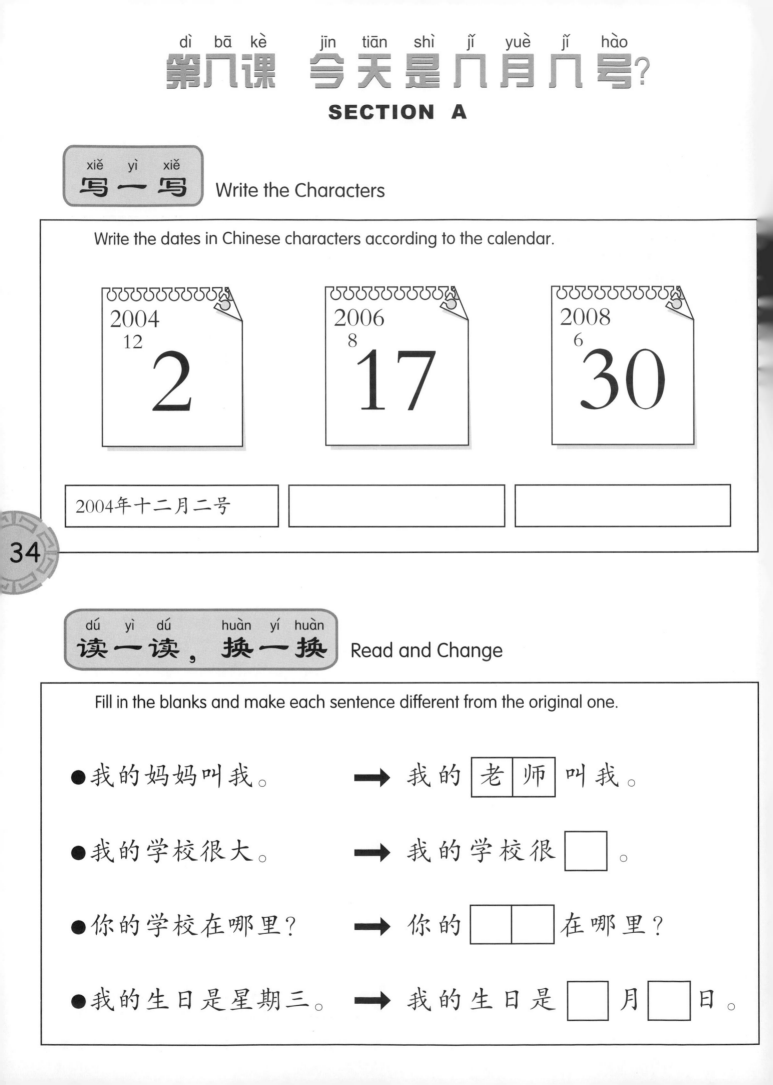

2004
12
2

2006
8
17

2008
6
30

2004年十二月二号

dú yì dú   huàn yí huàn
读一读, 换一换 Read and Change

Fill in the blanks and make each sentence different from the original one.

● 我的妈妈叫我。 ➡ 我的 老 师 叫我。

● 我的学校很大。 ➡ 我的学校很 □。

● 你的学校在哪里？ ➡ 你的 □□ 在哪里？

● 我的生日是星期三。 ➡ 我的生日是 □月 □日。

SECTION A

Fill in the blanks according to sequence.

一年有十二个月。

一月、二月、三月、□月、五月、六月、

□月、八月、□月、十月、□□月、十二月。

一月、三月、五月、七月、八月、十月、

十二月有三十一天，叫大月。

四月、六月、九月、十一月有三十天，叫小月。

二月也是□月，有二十八天/二十九天。

35

			1	2	3	
4	5	6	7	8	9	10
11	12	13	14	15	16	17
18	19	20	21	22	23	24
25	26	27	28	29	30	31

1	2	3	4	5	6	7
8	9	10	11	12	13	14
15	16	17	18	19	20	21
22	23	24	25	26	27	28
29						

1	2	3	4	5	6	
7	8	9	10	11	12	13
14	15	16	17	18	19	20
21	22	23	24	25	26	27
28	29	30	31			

			1	2	3	
4	5	6	7	8	9	10
11	12	13	14	15	16	17
18	19	20	21	22	23	24
25	26	27	28	29	30	

						1
2	3	4	5	6	7	8
9	10	11	12	13	14	15
16	17	18	19	20	21	22
23	24	25	26	27	28	29
30	31					

		1	2	3	4	5
6	7	8	9	10	11	12
13	14	15	16	17	18	19
20	21	22	23	24	25	26
27	28	29	30			

			1	2	3	
4	5	6	7	8	9	10
11	12	13	14	15	16	17
18	19	20	21	22	23	24
25	26	27	28	29	30	31

1	2	3	4	5	6	7
8	9	10	11	12	13	14
15	16	17	18	19	20	21
22	23	24	25	26	27	28
29	30	31				

			1	2	3	4
5	6	7	8	9	10	11
12	13	14	15	16	17	18
19	20	21	22	23	24	25
26	27	28	29	30		

					1	2
3	4	5	6	7	8	9
10	11	12	13	14	15	16
17	18	19	20	21	22	23
24	25	26	27	28	29	30
31						

	1	2	3	4	5	6
7	8	9	10	11	12	13
14	15	16	17	18	19	20
21	22	23	24	25	26	27
28	29	30				

			1	2	3	4
5	6	7	8	9	10	11
12	13	14	15	16	17	18
19	20	21	22	23	24	25
26	27	28	29	30	31	

SECTION A

听一听，写一写 Listen and Write
tīng yī tīng xiě yì xiě

1. Listen to "试试看" carefully, then answer the questions in Chinese. You can use Pinyin.

● 家里有几个人，都是谁？

_____

● 爸爸的生日是几月几号？

_____

36

2. Listen again, then choose the right answer.

● 妈妈的生日是哪一天？（　）

A 六月二十　　　B 六月二十五

C 七月四日　　　D 二月六日

● 哥哥多大了？（　）

A 十八岁　　　B 二十岁

C 十三岁　　　D 十五岁

SECTION B

xiě yì xiě bù shǒu
写一写部首　How to write stroke by stroke

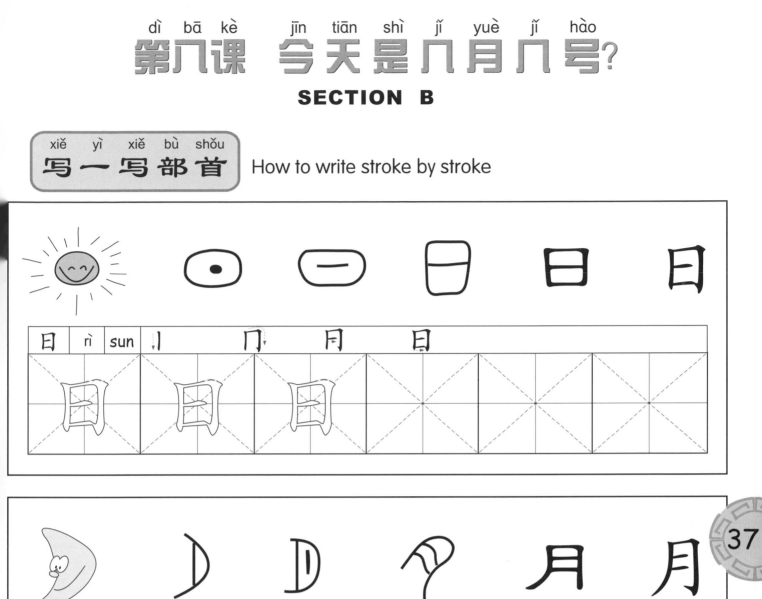

日	rì	sun	丨	冂	月	日			

37

月	yuè	moon	丿	冂	月	月			

xiě yì xiě,　dú yì dú
写一写，读一读　Read and Write

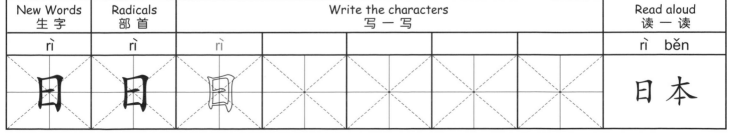

New Words 生字	Radicals 部首	Write the characters 写一写					Read aloud 读一读
rì	rì	rì					rì běn
日	日	日					日 本

xiě yì xiě,　dú yì dú
写一写，读一读　Read and Write

New Words 生字	Radicals 部首	Write the characters 写一写					Read aloud 读一读
yuè 月	yuè 月	yuè 月					zhì gè yuè 这个月
shēng 生	shēng 生	shēng 生					shēng rì 生日
jīn 今	rén 人	jīn 今					jīn tiān 今天
nián 年	piě 丿	nián 年					jīn nián 今年

38

jiā zhǎng yì jiàn
家 长 意 见:
Parent's Comment:

qiān míng
签 名:
Signature: _____

SECTION A

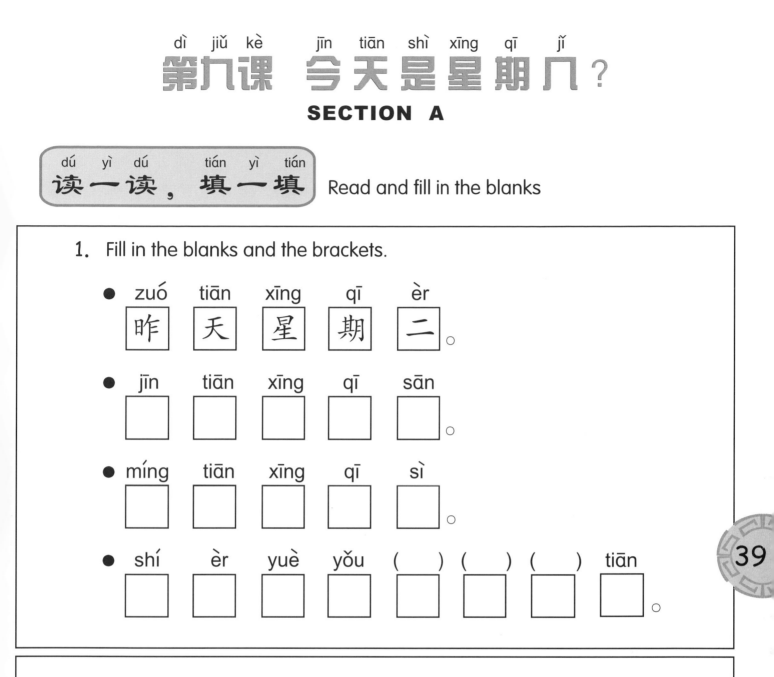

1. Fill in the blanks and the brackets.

* zuó　tiān　xīng　qī　èr

  昨　天　星　期　二 。

* jīn　tiān　xīng　qī　sān

  □　□　□　□　□ 。

* míng　tiān　xīng　qī　sì

  □　□　□　□　□ 。

* shí　èr　yuè　yǒu　( )　( )　( )　tiān

  □　□　□　□　□　□　□　□ 。

2. Read the paragraph out loud and fill in the blanks with the appropriate words.

> 一个星期有七天。星期一、星期二、星期三、
> 星期四、星期五、星期六和星期天。星期六
> 和星期天，我们不上学。

* □□六我不上学。

* 一星期有□□。

* □月□日是我爸爸的生日。

* □□是二零零六年。

39

pái yì pái,　xiě yì xiě

排一排，写一写　Unscramble and Write

Unscramble the sentences and write them in the blanks.

星期是天今天　〼〼〼〼〼〼。

五昨天星期是吗　〼〼〼〼〼〼？

不是是星期日明天　〼〼〼〼〼〼〼？

生日爸爸的明天是吗　〼〼〼〼〼〼〼？

一月一日星期四今年的是　〼〼〼〼〼〼〼〼〼。

的王老师哪里家在　〼〼〼〼〼〼〼？

nǐ yǒu wǒ yě yǒu,　tián yì tián

你有我也有，填一填　Belonging Together

Identify the radicals and fill in the blanks.

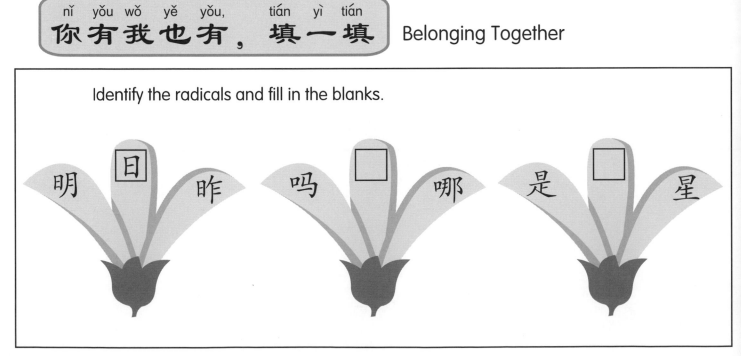

明　日　昨　　吗　□　哪　　是　□　星

SECTION A

tián yì tián
填 一 填 Fill in the blanks

Choose the right characters to translate from English to Chinese.

大		老		明	
天	人	家	师		年

all of you 大 家   old man ___ ___   teacher ___ ___

tomorrow ___ ___   next year ___ ___   adult ___ ___

41

tīng yì tīng xiě yì xiě
听一听，写一写 Listen and Write

Listen to "试试看" carefully, then answer the questions in Chinese.

● 几天是几月几号？

_____

● 今天是星期几？

_____

● 妹妹的生日是哪一天？

_____

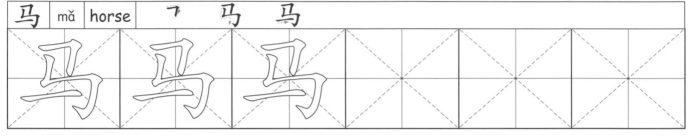

xiě yì xiě bù shǒu

写一写部首   How to write stroke by stroke

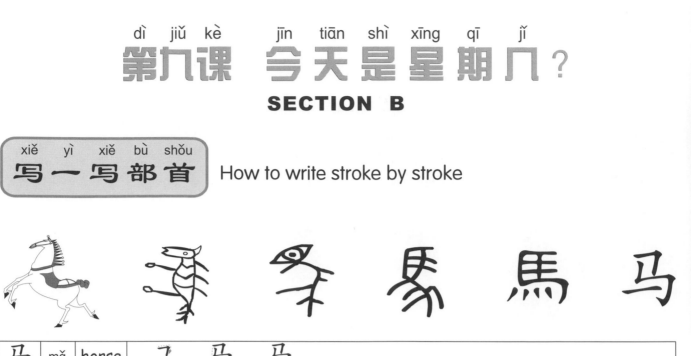

马	mǎ	horse	フ 马 马					

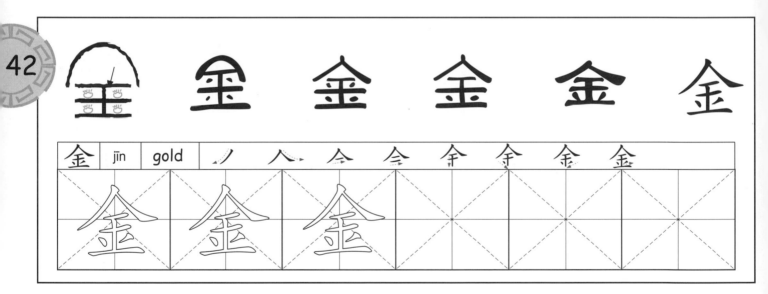

金	jīn	gold	ノ 人 今 今 仝 全 全 金 金					

42

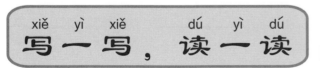

xiě yì xiě   dú yì dú

写一写，读一读   Read and Write

New Words 生字	Radicals 部首	Write the characters 写一写					Read aloud 读一读
míng	rì	míng					míng nián
明	日	明					明年

SECTION B

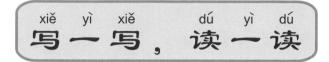

xiě yì xiě　dú yì dú
写一写，读一读　Read and Write

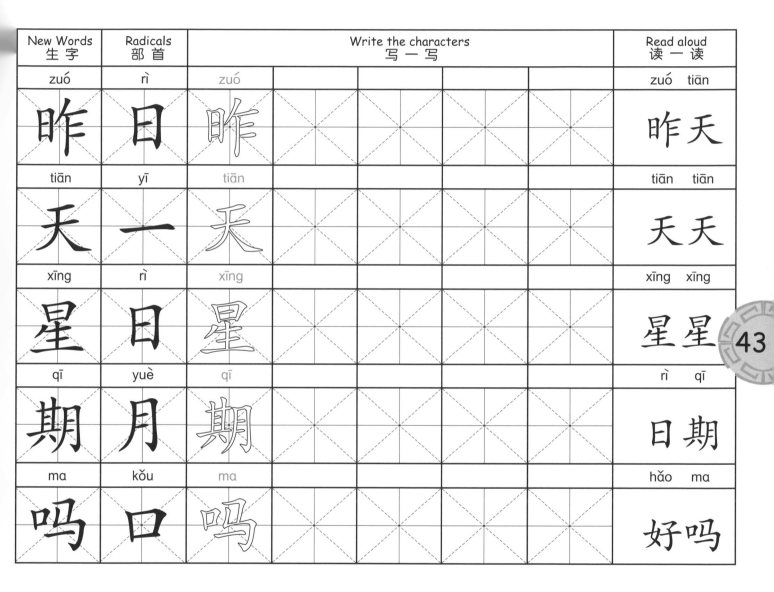

New Words 生字	Radicals 部首	Write the characters 写一写					Read aloud 读一读
zuó 昨	rì 日	zuó 昨					zuó tiān 昨天
tiān 天	yī 一	tiān 天					tiān tiān 天天
xīng 星	rì 日	xīng 星					xīng xīng 星星
qī 期	yuè 月	qī 期					rì qī 日期
ma 吗	kǒu 口	ma 吗					hǎo ma 好吗

43

jiā zhǎng yì jiàn
家 长 意见:
Parent's Comment:

qiān míng
签 名:
Signature: _____

SECTION A

niàn yí niàn   xiě yì xiě
念一念，写一写   Read and fill in the blanks

Read each sentence aloud and write the characters according to the pinyin.

1. 我 是 (shì) 白 □□ (lǎo shī)。 □□ (dà jiā) 好。

2. 这是我的 □□ (shū bāo)，我有三 □□ (běn shū) 和铅笔。

3. □ (nà) 是 □□ (shéi de) 教室?

4. 我有爸爸、□□ (mā ma)、一 □ (ge) 哥哥。

5. 你 □ (jiā) 有几个 □ (rén)?

44

lián yì lián
连一连   Link Up

Then write the English translation below. Then write the English translation below.

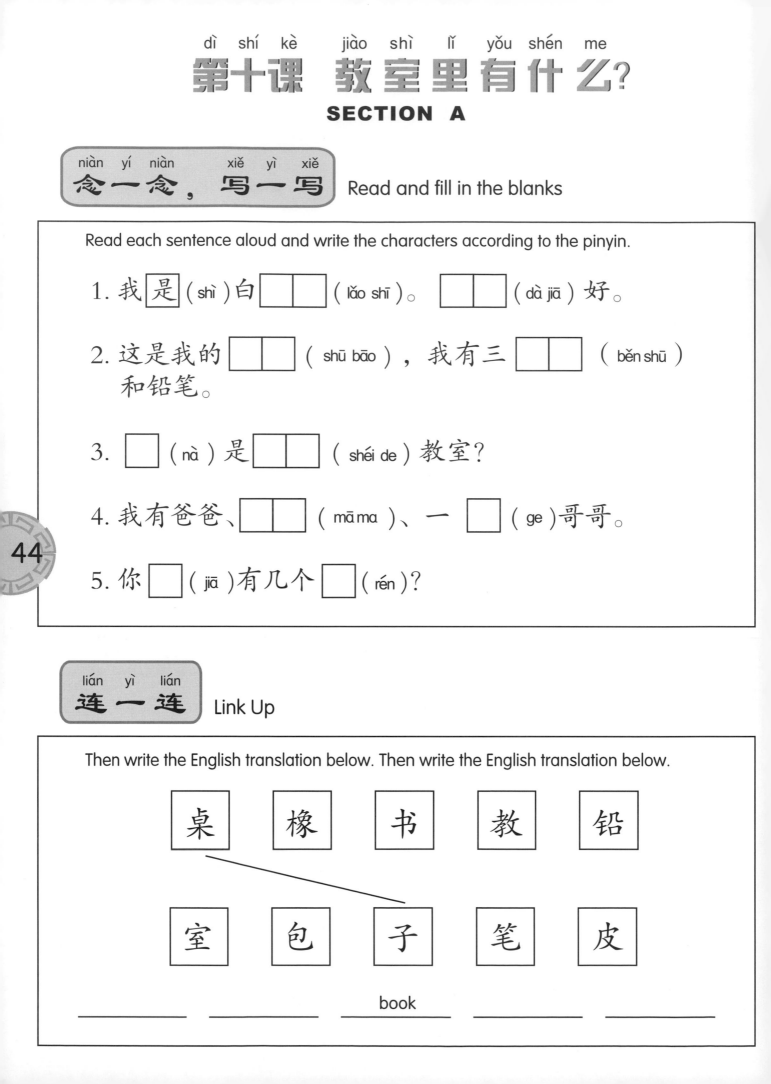

桌　橡　书　教　铅

室　包　子　笔　皮

book

_____ _____ _____ _____ _____

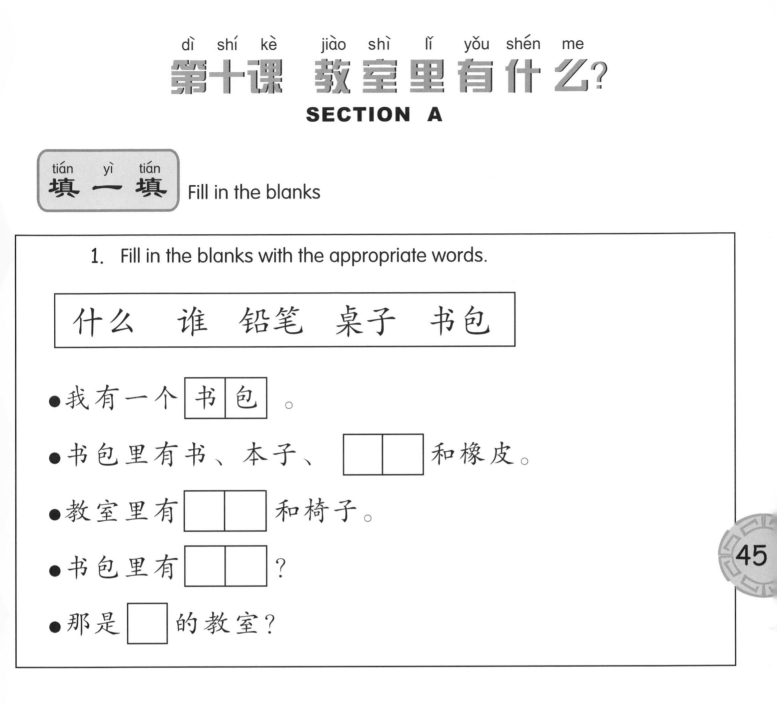

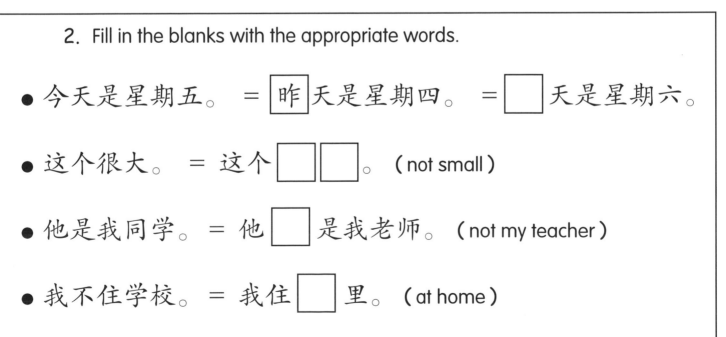

niàn yí niàn   lián yì lián
念一念，连一连 Read and link Up

Link the words with the correct gender.

弟弟

妈妈

王小文

哥哥

妹妹

男

女

爸爸

白大卫

姐姐

李大中

我的中文老师

46

tīng yī tīng   xiě yì xiě
听一听，写一写 Listen and Write

Listen to "试试看" carefully, then answer the questions in Chinese. You can use Pinyin.

● 我有几个书包？

_____

● 书包里有什么？

_____

● 教室里有什么？

_____

xiě yì xiě bù shǒu
写一写部首 How to write stroke by stroke

木	mù	wood	一 十 オ 木

xiě yì xiě dú yì dú
写一写,读一读 Read and Write

New Words 生字	Radicals 部首	Write the characters 写一写					Read aloud 读一读
zhè	chuò	zhè					zhè lǐ
这	辶	这					这里

xiě yì xiě dú yì dú
写一写，读一读 Read and Write

New Words 生字	Radicals 部首	Write the characters 写一写							Read aloud 读一读
nà	yòu ěr	nà							nà lǐ
那	阝	那							那里
shū	yǐ	shū							shū běn
书	乙	书							书本
bāo	bāo	bāo							bāo zi
包	勹	包							包子
bái	bái	bái							bái bǎn
白	白	白							白板
běn	mù	běn							yì běn shū
本	木	本							一本书

48

jiā zhǎng yì jiàn
家长意见:
Parent's Comment:

qiān míng
签名:
Signature: _____

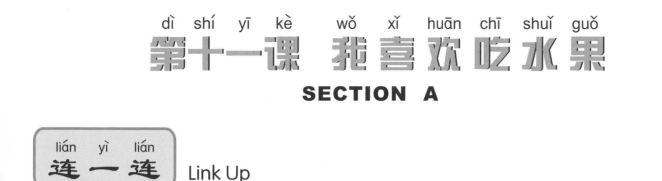

dì shí yī kè wǒ xǐ huān chī shuǐ guǒ
第十一课 我喜欢吃水果

SECTION A

lián yì lián
连一连 Link Up

Link the character to its pinyin and to another character to make a word. Write it out and give the English translation.

xiāng	水	莓	_____	_____
cǎo	香	多	_____	_____
hěn	草	欢	_____	_____
xǐ	喜	果	_____	_____
shuǐ	很	蕉	香蕉	banana

49

tián yì tián
填一填 Fill in the blanks

Choose the right fruit from the bubble and write the pinyin in the bracket.

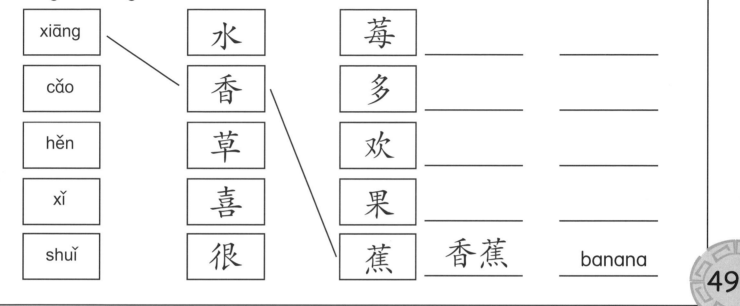

● 桌子上有很多（ shuǐ guǒ ）。

● 我喜欢吃（　　　）蕉。

● 弟弟喜欢吃草（　　　）。

● 妈妈喜欢吃苹果，也喜欢吃（　　　）。

● 我不爱吃（　　　）。

梨　莓　西瓜
水果　香

niàn yí niàn   tián yì tián
念一念，填一填   Read and link Up

Read the pinyin and make a sentence step by step.

□ ⇒ □□ ⇒ □□□□ ?
xiǎng   xiǎng hē   xiǎng hē shén me

□ ⇒ □□ ⇒ □□□ ⇒ □□□□□ 。
xǐ   xǐ huān   xǐ huān chī   xǐ huān chī shuǐ guǒ

□ ⇒ □□ ⇒ □□□ ⇒ □□□□□□□ 。
shū   shū bāo   shū bāo lǐ   shū bāo lǐ yǒu hēn duō shū

□ ⇒ □□ ⇒ □□□□ ⇒ □□□□□ ?
zhè   zhè shì   zhè shì shéi de   zhè shì shéi de jiā

50

pái yì pái   xiě yì xiě
排一排，写一写   Unscramble and Write

Unscramble the sentences and write them in the blanks.

● 喜欢梨我不吃   □□□□□□ 。

● 这谁是的西瓜   □□□□□ ?

● 我喜欢也很吃苹果   □□□□□□□ 。

● 草莓你吃喜欢吗   □□□□□□ ?

● 喜欢吃不喜欢她水果   □□□□□□□ ?

SECTION A

听一听，写一写 Listen and Write
tīng yī tīng xiě yì xiě

1. Listen to "试试看" carefully, then answer the questions in Chinese. You can use Pinyin.

● 桌子上有什么？

_____

● 李大中喜欢喝什么？

_____

51

2. Listen again, then choose the right answer.

● 桌子上的书包是谁的？

A 王小文　B 李大中　C 白大卫　D 白玛丽

● 王小文喜欢吃什么？

A 香蕉　　　B 汉堡　　　C 苹果　　　D 橘子

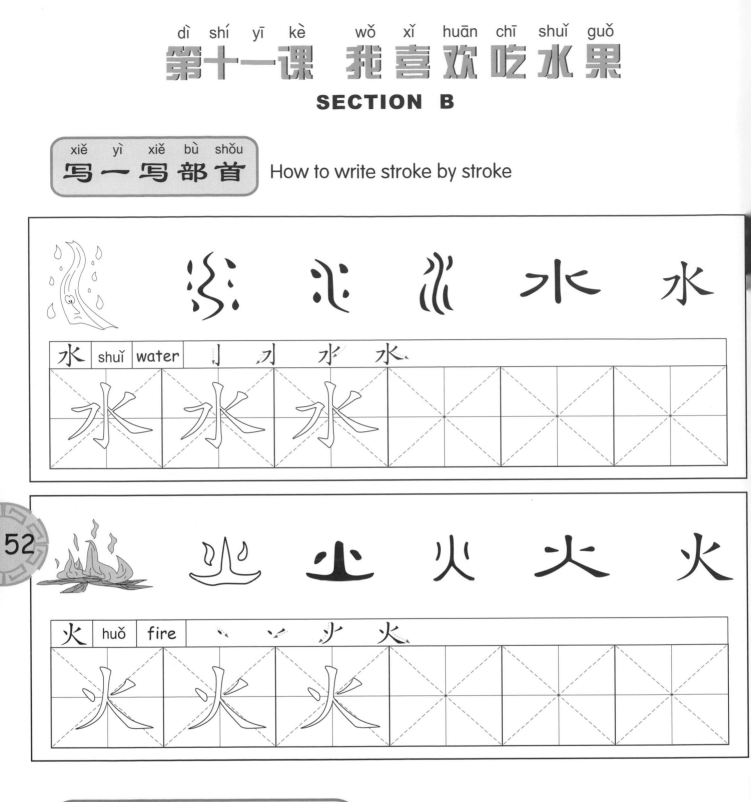

xiě yì xiě bù shǒu
写一写部首 How to write stroke by stroke

水 shuǐ water 丿 刀 水 水

52

火 huǒ fire 丶 丶 少 火

xiě yì xiě dú yì dú
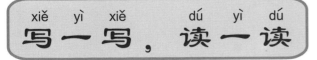
写一写，读一读 Read and Write

New Words 生字	Radicals 部首	Write the characters 写一写					Read aloud 读一读
chī	kǒu	chī					chī fàn
吃	口	吃					吃饭

SECTION B

dú yì dú   xiě yì xiě
读一读，写一写 Read and fill in the blanks

New Words 生字	Radicals 部首	Write the characters 写一写					Read aloud 读一读
shuǐ 水	shuǐ 水						shuǐ guǒ 水果
guǒ 果	mù 木						píng guǒ 苹果
hěn 很	chì 彳						hěn hǎo 很好
duō 多	xī 夕						duō shao 多少
xǐ 喜	kǒu 口						xǐ ài 喜爱
huān 欢	qiàn 欠						xǐ huān 喜欢

53

jiā zhǎng yì jiàn
家长意见:
Parent's Comment:

qiān míng
签名:
Signature: _____

lián yì lián
连一连　Link Up

What do you like to eat? What don't you like to eat? Use the icons to indicate your preference.

葡萄		三明治
香蕉	😃 我喜欢吃	汉堡
西瓜		水饺
橘子	😖 我不喜欢吃	薯条
草莓		包子
苹果		白饭

54

nǐ yǒu wǒ yě yǒu, tián yì tián
你有我也有，填一填　Belonging Together

Identify the characters with the same radical.

他 喝 和 叫 是 个 昨 什 星 住 明 吃 你 哪

人　　口　　日

niàn yí niàn   tián yì tián
念一念，填一填 Read and link Up

Put the number in front of the sentence that best describes the picture .
Then read the Pinyin and write the characters below.

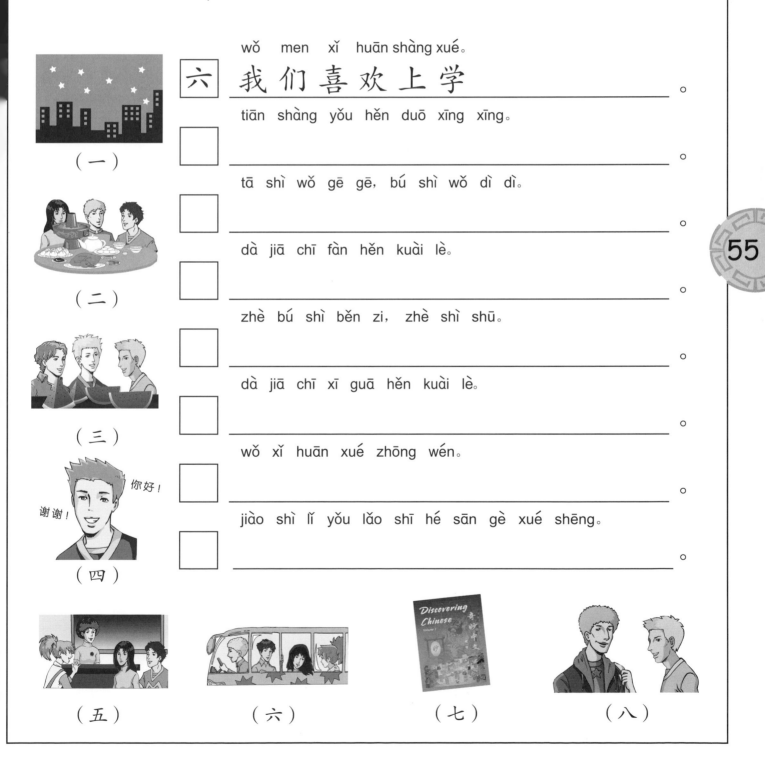

（一）

wǒ men xǐ huān shàng xué。
六 我 们 喜 欢 上 学 _____ 。

tiān shàng yǒu hěn duō xīng xīng。
_____ 。

（二）

tā shì wǒ gē gē, bú shì wǒ dì dì。
_____ 。

dà jiā chī fàn hěn kuài lè。
_____ 。

（三）

zhè bú shì běn zi, zhè shì shū。
_____ 。

dà jiā chī xī guā hěn kuài lè。
_____ 。

（四）

wǒ xǐ huān xué zhōng wén。
_____ 。

jiào shì lǐ yǒu lǎo shī hé sān gè xué shēng。
_____ 。

（五） （六） （七） （八）

55

第十二课　你想吃什么？

SECTION A

拼一拼，写一写　Make New Characters

Please using the 人　radical to make a new character. Then fill in the pinyin.

人

门	尔	主	也	十
们	☐	☐	☐	☐
men	☐	☐	☐	☐

56

念一念，圈一圈　Read and link Up

Read the pinyin, find the sentences in the word puzzle and circle them.

dà jiā hǎo	hǎo duō shū	shéi de shū
tā shì shéi	tā hěn hǎo	zhè ge lǎo rén
wǒ de lǎo shī	shì wǒ	hǎo lǎo shī

大	家	好	这	好
他	是	谁	个	老
很	我	的	老	师
好	多	书	人	☺

dì shí èr kè nǐ xiǎng chī shén me

第十二课 你想吃什么？

SECTION A

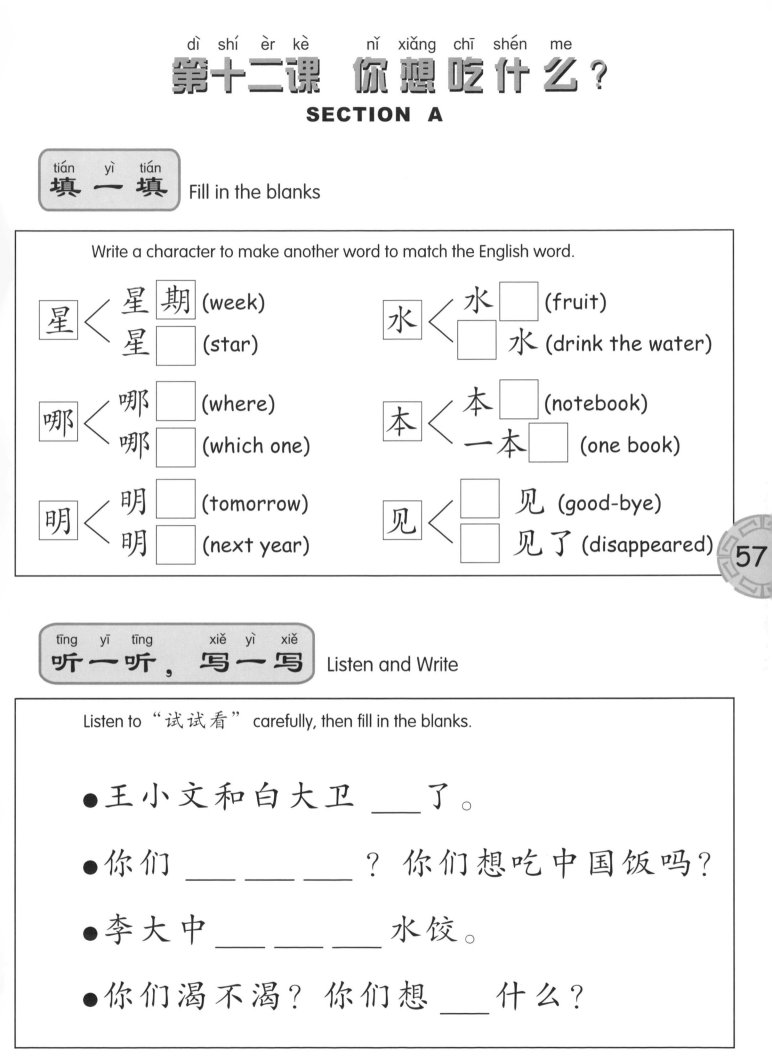

tián yì tián
填 一 填 Fill in the blanks

Write a character to make another word to match the English word.

星 < 星 期 (week)
星 ☐ (star)

哪 < 哪 ☐ (where)
哪 ☐ (which one)

明 < 明 ☐ (tomorrow)
明 ☐ (next year)

水 < 水 ☐ (fruit)
☐ 水 (drink the water)

本 < 本 ☐ (notebook)
一本 ☐ (one book)

见 < ☐ 见 (good-bye)
☐ 见了 (disappeared)

57

tīng yì tīng xiě yì xiě
听一听，写一写 Listen and Write

Listen to "试试看" carefully, then fill in the blanks.

● 王小文和白大卫 ___ 了。

● 你们 ___ ___ ___？你们想吃中国饭吗？

● 李大中 ___ ___ ___水饺。

● 你们渴不渴？你们想 ___ 什么？

xiě yì xiě bù shǒu
写一写部首   How to write stroke by stroke

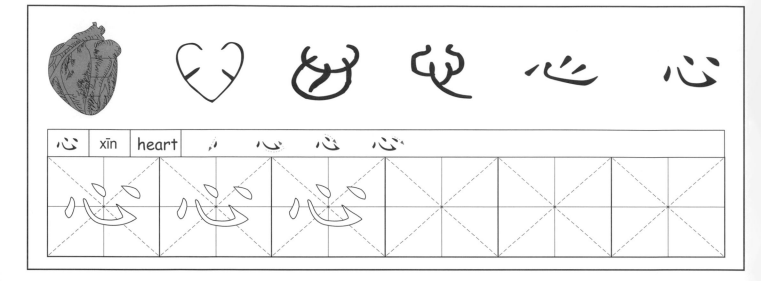

| 心 | xīn | heart | ╲ | 心 | 心 | 心 |

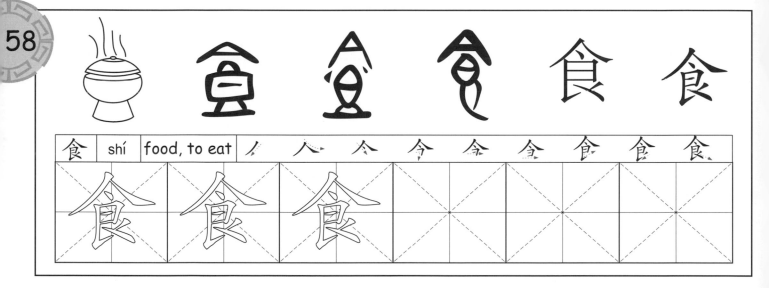

| 食 | shí | food, to eat | ノ | 人 | 人 | 仒 | 仒 | 仐 | 食 | 食 | 食 |

xiě yì xiě   dú yì dú
写一写，读一读   Read and Write

New Words 生字	Radicals 部首	Write the characters 写一写						Read aloud 读一读
xiǎng	xīn	xiǎng						bù xiǎng
想	心	想						不想

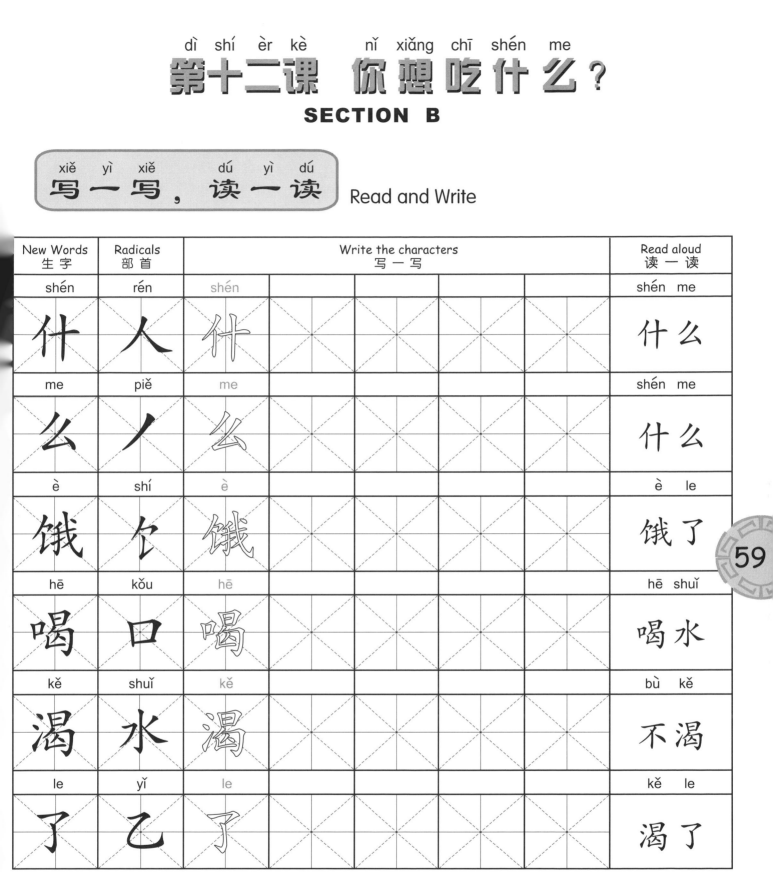

xiě yì xiě　　dú yì dú
写一写，读一读 Read and Write

New Words 生字	Radicals 部首	Write the characters 写一写					Read aloud 读一读
shén 什	rén 人	shén 什					shén me 什么
me 么	piě 丿	me 么					shén me 什么
è 饿	shí 饣	è 饿					è le 饿了
hē 喝	kǒu 口	hē 喝					hē shuǐ 喝水
kě 渴	shuǐ 水	kě 渴					bù kě 不渴
le 了	yǐ 乙	le 了					kě le 渴了

59

jiā zhǎng yì jiàn
家 长 意 见:
Parent's Comment:

qiān míng
签 名:
Signature:

奇妙中文 vol.1 字表　Character List

qí miào zhōng wén　zì biǎo

课	课题	习写字（共计69个）	字数	认读字（共计87个）	字数
1	你好	你好见	3	再同学们<u>老师</u>吗<u>我</u>很谢	10
2	你叫什么名字	我她他名字	5	<u>叫什么王小文李大中白卫玛丽</u>	13
3	你多大	一二三四五六七八九十	10	几岁呢多	4
4	你是哪国人	是不人大中小	6	国英美加拿<u>哪</u>	6
5	我上大华高中	上个也华	4	校年级几	4
6	我爱我的家	谁的有爸妈和家	7	哥弟姐妹爱	5
7	你住在哪儿	在哪里住老师	6	街号长路楼公园儿	8
8	今天是几月几号	日月生今年	5	<u>天</u>祝快乐	4
9	今天是星期几	明昨天星期吗	6		
10	教室里有什么	这那书包白本	6	子铅笔橡皮教室桌椅板里有记和	14
11	我喜欢吃水果	吃水果喜欢	5	香蕉最汉堡	5
12	你想吃什么	想什么饿喝了	6	渴家东西薯条可治汁冰淇淋饭饺	12

备注：认读字中加下划线的字在后课中改为习写字

《奇妙中文》宾果卡

姓名 _____

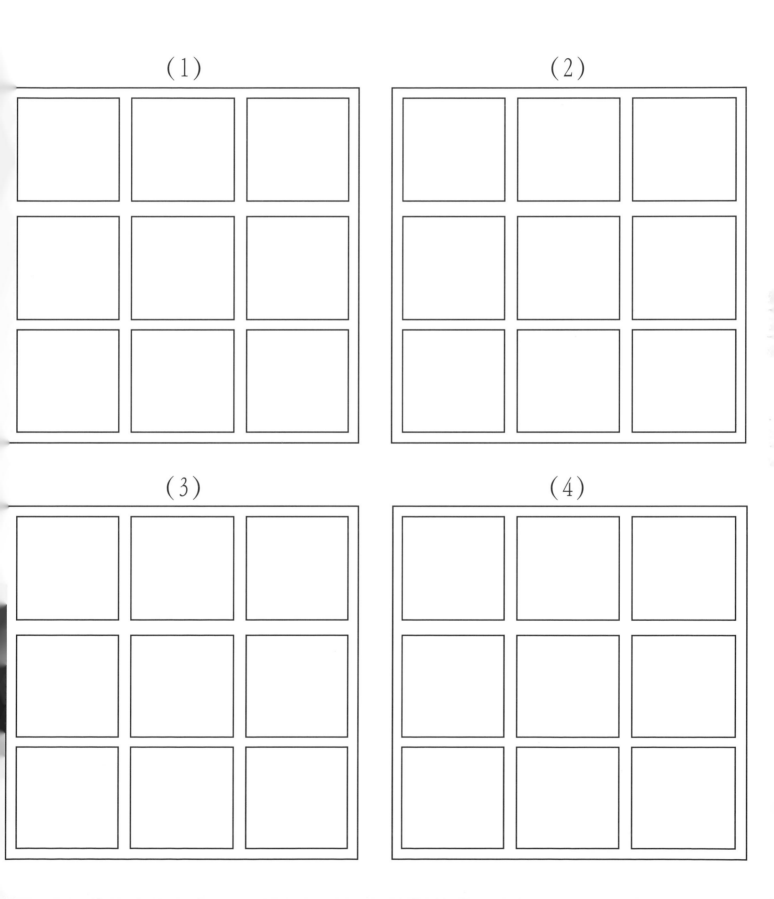

《奇妙中文》宾果卡

姓名 _____

(1)

(2)

(3)

(4)

《奇妙中文》宾果卡

姓名 _____

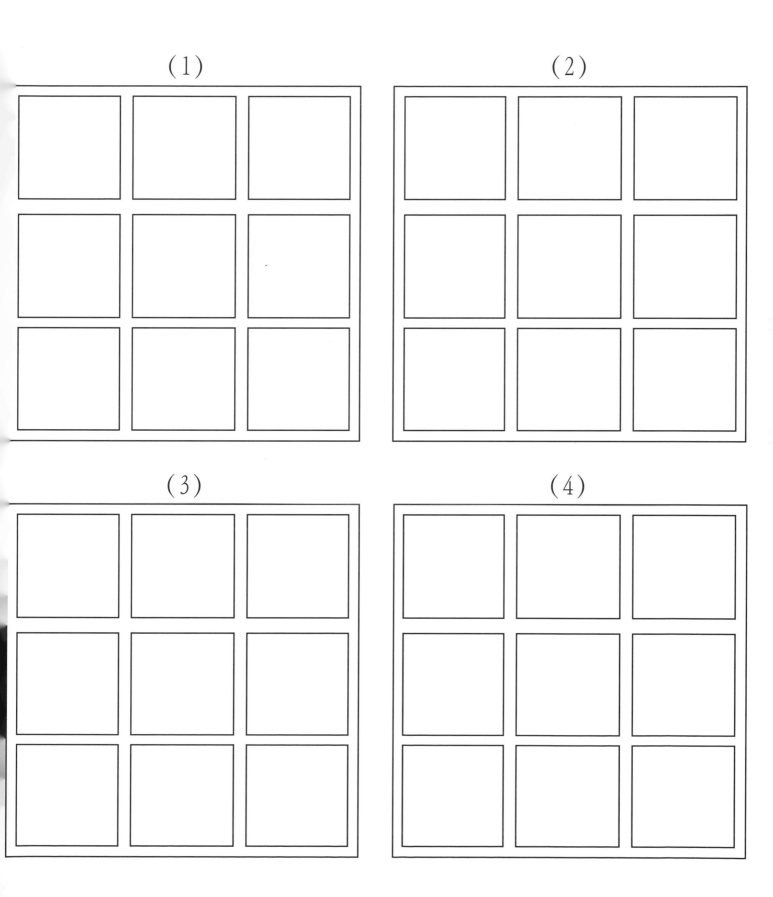

《奇妙中文》宾果卡

姓名 _____

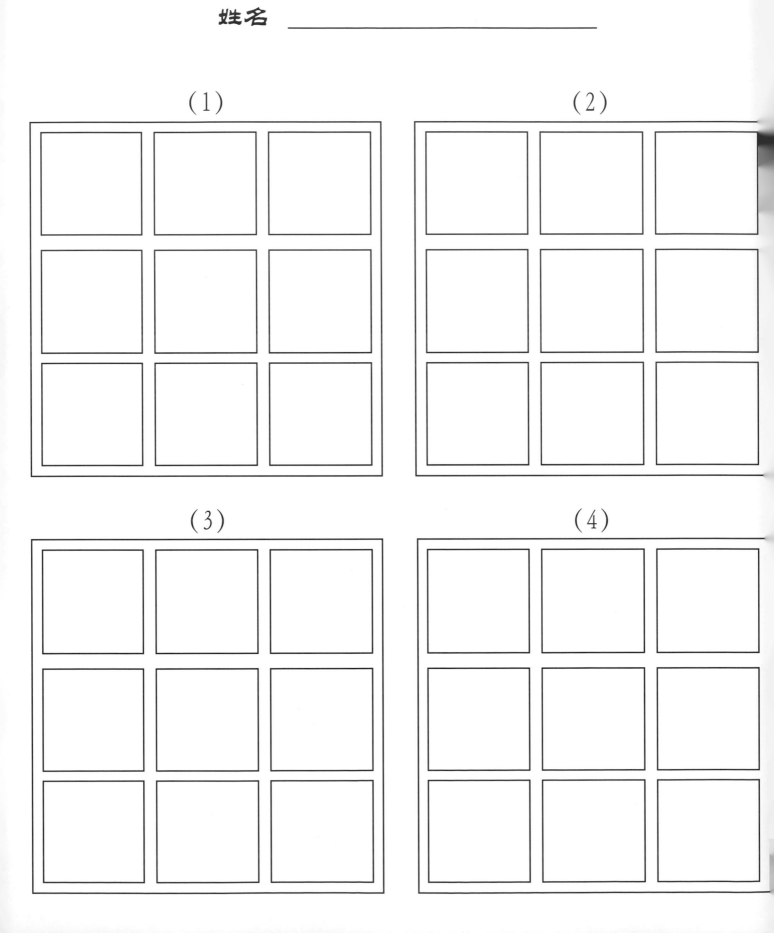

（1）

（2）

（3）

（4）

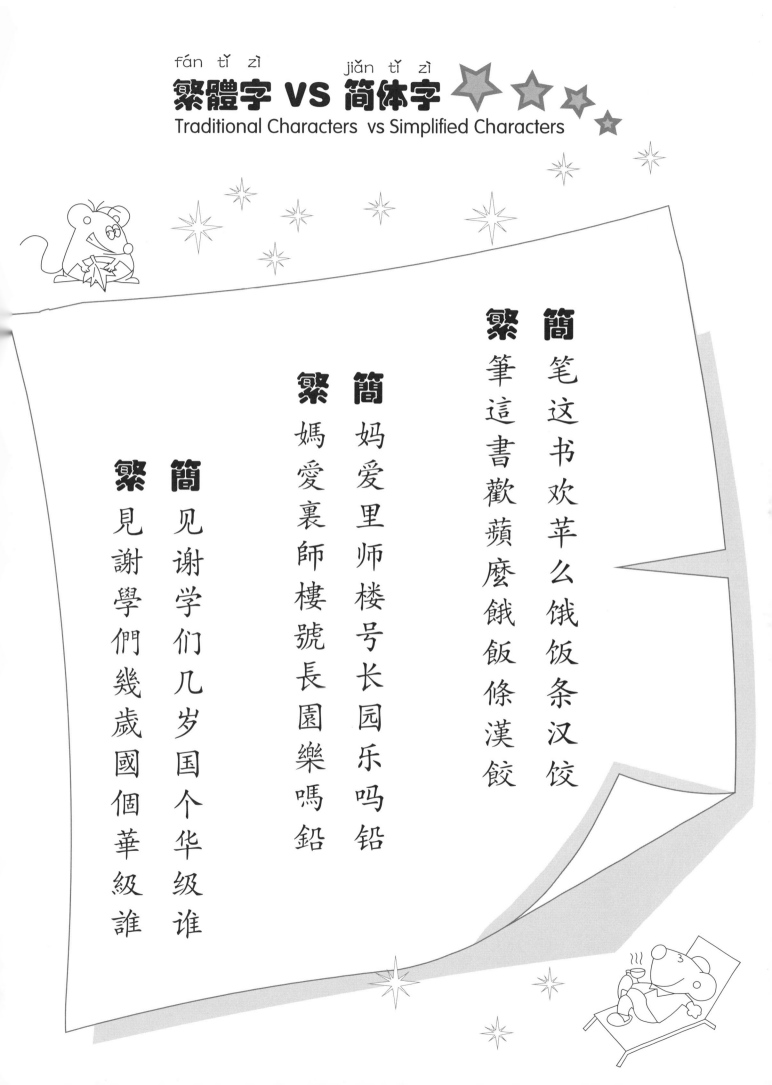

简　笔这书欢苹么饿饭条汉饺
繁　筆這書歡蘋麼餓飯條漢餃

简　妈爱里师楼号长园乐吗铅
繁　媽愛裏師樓號長園樂嗎鉛

简　见谢学们几岁国个华级谁
繁　見謝學們幾歲國個華級誰

wǒ de kè chéng biǎo
我 的 课 程 表

My Class Schedule

	星期一	星期二	星期三	星期四	星期五

wǒ de kè chéng biǎo
我 的 课 程 表
My Class Schedule